오래된 새로움

곽혜진의
조각보 이야기
Jogakbo_Korean Patchwork

곽혜진의
조각보 이야기
Jogakbo_Korean Patchwork

○발행일 2012년 8월 15일 초판 1쇄 / 2013년 2월 20일 초판 2쇄 / 2016년 5월 30일 초판 3쇄 / 2019년 7월 30일 초판 4쇄
○펴낸곳 K Design 주소 서울 서초구 신반포로 15길 19, 109-701 / 전화 02 593 3161 / 홈페이지 k-sewing.com / 이메일 agneskwak@naver.com
○출판등록 2012. 8. 8. 제 2012-000269호
○지은이 곽혜진 ○펴낸이 곽혜진
○기획 조성은 ○디자인 아트리베 ○일러스트 고은미 ○사진 서헌강, 민현수, 김용정

값 22,000원

ISBN 978-89-969-3230-7 13630

오래된 새로움

곽혜진의
조각보 이야기
Jogakbo_Korean Patchwork

곽혜진 지음

K Design

곽혜진
Kwak, Hye-Jin

서울대학교 의류학과 대학원 졸업
미국 FIDM(Fashion Institute of Design & Merchandising) 패션 디자인 과정 졸업
한국전통공예건축학교에서 김현희 선생에게 자수와 조각보를 사사
김현희자수보자기연구회 회원으로 다수의 전시회
현대백화점 문화센터에서 조각보 강사로 활동 중

조각보는 옛 여인들이 한복을 만들고 남은 자투리 천을 이어서 보자기를 만든 것으로 상보, 옷보, 선물보 등 생활 속에서 활용했던 전통 생활 소품이었으나, 그 구성이 조화롭고 색상의 조합이 아름다워 예술적 가치가 있는 품위 있는 우리의 문화유산으로 인정받게 되었습니다.

의상디자인을 전공했던 저는 처음엔 조각보의 소박하고도 독특한 디자인에 먼저 매료되었습니다. 조각보에 관심을 갖고 알아가는 과정에서 조각보를 만든 옛 여인들의 마음을 읽게 되었습니다. 옷감이 흔치 않던 시절, 자투리 천을 틈틈이 모았던 마음, 모아진 천으로 좀 더 아름다운 조각보를 만들기 위해 형형색색의 조각 천을 이리 저리 맞춰가며 느꼈을 재미, 한땀한땀 바느질하고 완성하기까지의 옛 여인들의 정성과 고운 마음이 느껴져 더욱더 조각보에 애정을 갖게 되었습니다. 1997년 자수명장이신 김현희 선생님을 만나 자수와 조각보를 배우기 시작하여, 제 손으로 한땀 한땀 옛 여인의 마음을 이어 간지 어느덧 15년이 지났습니다.

면과 색의 구성에 현대적 조형미가 있는 조각보는 아파트 생활이 보편화된 요즘의 주거환경과도 무척 잘 어울리는 생활 디자인입니다. 오늘날 우리

가 쓸 수 있는 생활 소품뿐만 아니라 패션 상품, 인테리어 소품으로도 활용이 가능한 조각보 디자인은 그 가능성이 무한하다고 생각됩니다.

전통은 그 자리에 머무는 것이 아니라 그 시대에 사는 사람들의 생활양식과 함께 변화하며 발전 되어야 한다고 생각합니다. 손끝으로 이어온 우리의 옛 것에 현대에 사는 우리들의 미감과 애정을 더한다면 전통 생활의 멋스러움을 오래된 새로움으로 곳곳에서 보게 될 것이라는 바람이 있습니다.

조각보와 관련된 책들이 많이 나와 있으나 좀 더 친숙하게 알려 드리고 싶은 마음에 전시회와 더불어 이 책자를 만들게 되었습니다. 1부에서는 예술성 있는 전통 조각보 재현작품과 그 응용작품을 화보처럼 실었고, 2부에서는 조각보와 전통의 이미지를 살리면서도 만들기 쉬운 생활 소품 DIY를 선보였습니다. 이 책을 통해 어렵게만 여겼던 조각보를 직접 만들 수 있는 기쁨을 갖게 되길 바라며 수공예 작업의 즐거움도 덤으로 갖게 되길 바랍니다.

부족한 제가 이렇게 책을 출판할 수 있었던 것은 주변 많은 분들의 도움이 있었기 때문입니다. 보자기를 예술의 눈으로 바라보게 이끌어 주신 김현희 선생님께 가장 먼저 가슴 깊은 감사를 드립니다. 늘 옆에서 도움이 되어준 수제자이자 애제자 박정은 씨, 감성을 담아 멋진 사진을 찍어준 민현수 언니, 재치와 재기 넘치는 뛰어난 감각으로 사진 촬영과 디자인을 맡아 준 김용정 님, 어려운 작업임에도 솔선하여 제작과정 일러스트를 맡아준 고은미 씨, 책 만드는 일을 같이 고민해주고 상담해준 오해근 작가님, 그리고 번뜩이는 아이디어와 실행력으로 전 과정을 함께 해준 조성은 선생님에게 고마운 마음을 전합니다. 또한 늘 곁에서 힘과 용기를 준 가족들, 특히 남편 이재원에게 감사와 사랑을 보냅니다.

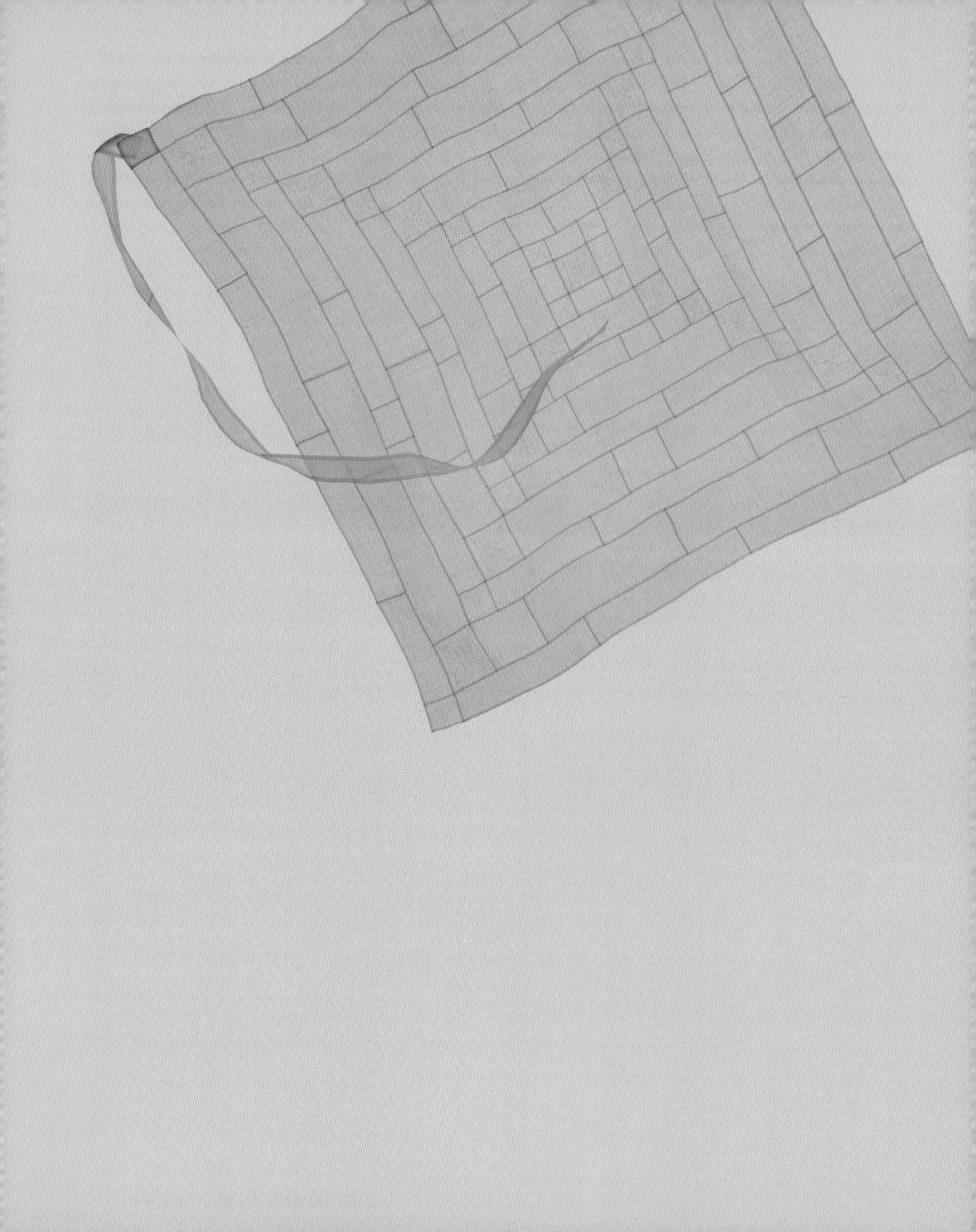

목차

곽혜진의
조각보
이야기

1부

보자기는 원래 무엇을 싸거나 덮기 위한 실용적인 용도로 오랜 세월 사용되어
왔다. 현대에 와서는 그 실용성을 다소 상실했지만, 독특한 조형성과 심미성으
로 전통디자인의 한 섬유예술 분야로 인정받고 있다.

또한 옛 여인들은 복을 기원하는 마음으로 문양을 수놓거나 조각 천을 정성을
다하여 이어 전통보자기를 만들었다. 이렇게 만들어진 보자기로 물건을 싸서
건네면 보내는 사람의 마음까지도 함께 전달 될 거라는 믿음이 있었다.

즉 한국의 보자기는 한국 여인의 정성과 사랑, 아름다움에 대한 표현 감각이
담겨 있는 품위 있는 우리의 문화유산인 것이다.

옛 전통보자기

전통 보자기는 궁중을 중심으로 사용하였던 수보와 민간에서 사용되었던 조각보가 있다. 수보는 화려하고 세련된 멋이 있으며, 조각보는 소박하지만 그 안에 만드는 사람의 독특한 개성이 잘 담겨 있다.

포도문 수보

포도문 수보

아름다운 자수보

수보는 귀하게 여겨 보다 많은 정성을 들여 만들었으며 대체로 혼례용
으로 많이 사용하였다. 따라서 부귀를 상징하는 꽃과 나비, 신성하게
여겼던 나무와 다산을 상징하는 열매를 문양으로 한 수보를 가장 많이
볼 수 있다. 다른 자수품과 달리 수보는 문양이 대부분 비사실적이고
상징적으로 표현되어 있다. 자연물의 이미지만을 단순화 시키고 반복
하여 배열함으로서 전체적으로 풍요로워 보이는 특징이 있다. 한 나
무 가지에 서로 다른 종류의 꽃과 열매가 달려있다든지, 새와 나비를
꽃, 열매와 같은 위치에 배열하여 새가 얼핏 꽃으로 보이게도 하게끔
표현한 자수보 속에서 조상들의 기지를 엿볼 수 있다.

끈이 달려 있는 보자기는 끈의 위치와
수에 따라 용도가 다르다. 끈은 물건
을 흐트러지지 않게 고정하는 역할을
하고 물건의 크기에 따라 신축성 있게
쌀 수 있도록 고안된 것이다.

국화문 노리개보

김현희 선생님의 자수 보자기에 반해 자수를 배우게 되었다. 이렇게나 예쁘고 아름
다운 작품을 시작한다는 설렘으로 옷감을 수틀에 걸고 도안을 그렸던 기억이 난다.
한 송이의 국화꽃을 피우기 위해 수백만 개의 바늘땀이 필요하다. 누가 눈은 게으
르고 손은 부지런하다 했던가? 아무 생각 없이 한땀 한땀 메꾸다 보면 어느새 꽃잎
하나가 완성되고, 꽃잎이 모여 꽃이 되고, 그리고 나비가 되어 날아간다. 수개월간
의 작업을 거쳐 수보를 완성했을 때의 기쁨은 이루 말할 수 없다.

포도문 수보

18. 오래된 재료를 : 곽혜진과 조각보 미학기

위_연화문단 수 조각보   아래_화문수 조각보

* 수보 사진들은 자수명장인 김현희 선생님의 작품을 선생님께 배워 만든 수보들
   이다. 김현희 선생님은 옛 보자기를 재현하고 새로운 현대의 보자기를 끊임없
   이 창작하여 한국의 보자기를 예술품의 경지로 주목받게 하였고, 보자기를 세
   계에 알리는데 큰 성과를 올리신 분이다.

톡톡 튀는 조각보

조각보는 옷을 만들고 남은 색색의 자투리 천를 이어 만든 지혜의 소산으로, 주로 일반 서민층에서 만들었다. 평범한 옛 여인들이 만든 조각보에서 자유롭고 톡톡 튀는 조형미와 창의적인 색상의 조합을 발견할 수 있다. 이러한 독창성 때문에 현대에서도 섬유예술로서의 가치를 재평가받으며 그 명맥을 잇고 있다. 자투리 시간을 내어 저마다의 구성과 색상으로 조각보를 창작하며 재미와 기쁨을 느꼈으리라. 조각보는 옛 여인들에게 소소한 삶의 즐거움을 주는 역할도 톡톡히 했다. 이렇게 만들어진 조각보는 상보, 다과보, 선물보, 예단보 등으로 사용되었다. 생활 속에서 쓰이는 아름다움이 있기에 그 즐거움이 배가 되었으리라 생각된다.

곽혜진의
조각보 이야기

옛스런,
그러나 현대적인

옛 조각보는 색과 면의 분할이 자유롭고 독특해 현대 추상화를 보는 듯하다. 뉴욕에 있는 현대미술관에 걸어도 됨직한 작품들도 있다. 200년 된 옛 디자인이지만 지금 보아도 현대적인 조형미가 느껴져 현대의 창작품이라 해도 모두 믿을 것이다. 평범한 여인들이 만든 작품들에서 예술적 가치를 느낄 수 있다는 것은 참 놀라운 일이다. 조각보에서 이러한 예술적 아름다움을 느낄 수 있는 것은 색의 배합과 면의 분할을 조화롭게 하였기 때문일 것이다.

조각 천을 연결하는 구성은 매우 다양하지만 몇 가지로 간추려 볼 수 있다. 같은 크기의 네모를 바둑판모양으로 이은 구성, 세모조각이 모인 구성, 중심을 가운데 두고 한 방향으로 조각을 이어 가며 확장 되어 가는 구성, 입체적인 고전문 구성, 각양각색의 조각 천이 자유롭게 연결된 구성, 낡은 천 위에 덧대는 구성 등이다.

다양한 구성의 조각보에 소박한 애정과 미감을 더하여 제작한 작품들을 소개하며 조각보를 이야기하였다.

바둑판처럼 작은 정사각형 조각을 사선으로 배열하여 큰 정사각형을 만들고 안감을 겉감 보다 크게 하여 겉감 쪽으로 테두리 면을 만든 것이다. 여기에 꼭지를 만들고 박쥐 모양의 장식을 했다. 박쥐 장식은 나쁜 운을 물리치고 복을 부른다는 민간 신앙에 근거하여 전통적인 가구나 한지 공예에 자주 이용되는 문양이다. 조각보에서는 주로 양색인 빨강, 노랑, 파랑 박쥐 장식을 하여 조각보에 악센트를 주는 장식 효과가 있으며 동시에 안감과 겉감을 고정시켜 주는 실용적인 역할도 한다.

　　정사각형과 직사각형이 크기를 달리하며 대칭으로 배열된 홍화단 조각보이다. 겉감과 안감의 크기가 같고 꼭지에 박쥐 장식과 술을 달아 정겨움을 주었다. 네 귀퉁이에 단 짧은 끈은 예전에는 귀퉁이가 쉽게 닳아 해지는 것을 방지하기 위한 용도로 달렸으나 오늘날엔 전통적인 보자기 디자인의 소산으로 신선한 영감을 주는 요소가 되었다.

우리의 전통 색을 사용하여 색상의 조합를 강조한 작품이다. 한국의 전통색은 빨강, 노랑, 파랑, 검정, 흰색으로 오방색이라 한다. 각각의 색은 방위와 관련이 있으며 각 방향의 의미와 상징을 색채의 개념과 일치 시켰다. 항상 변함이 없는 중앙에는 노란색이, 만물이 소생하는 봄에 상응하는 파랑은 동쪽에, 만물이 무성한 여름에 해당하는 빨강색은 남쪽에, 만물이 지는 가을에 해당하는 흰색은 서쪽에, 생명의 종식을 의미하는 겨울에 해당하는 검은 색은 북쪽에 놓인다. 복을 가져오는 양색인 빨강, 파랑, 노랑을 주로 사용하였으며 색상의 변화를 확대해 주황, 분홍, 연두, 초록, 옥색 등을 동일 계열로 여겨 자주 사용하였다. 사계절이 있는 우리나라는 색의 배합에 무척 민감하여 배색을 생활에 잘 응용하였다.

조각보하면 가장 먼저 연상되는 것이
세모 조각보이다. 세모를 마주 연결하면 네모가 만들어지고 여
러 개의 네모를 연결하면 사각형의 조각보가 된다. 여기에 빳빳
한 안감을 넣고 꼭지를 달면 상보가 완성된다. 출가하는 딸을
위해 어머니가 정성스레 만들어 정표로 주었음직한 상보다. 가
운데 꼭지는 긴 막대모양의 천을 반으로 접어 만드는데, 그 접
는 모양을 다양하게 만들어 달았다. 꼭지 위에 여러 개의 박쥐
장식을 하거나 술을 달기도하고 색실을 사용하
여 꼭지를 달기도 하였다.

자투리 천을 모으다 보면 크기가 작은 것에서부터 큰 것까지 다양하다.
각양각색의 천을 어찌 배치해야 좋을지 막막할 땐 일단 작은 천들끼리
모아 바느질로 연결해 본다. 가운데 조밀하게 이어진 조각들을 중심으로
그 경계에 좀 더 큰 조각들을 모아 배치하는 순으로 자투리천을 이어가다
보면 어느새 균형있는 조각보가 만들어진다. 그런데도 복잡하다 싶으면 완
성된 조각보 보다 더 큰 안감으로 테두리를 만들면 복잡한 디자인이 정리가
되는 듯하다. 위의 작품은 1999년 제24회 대한민국전승공예대전에서 입선한
'조각 보자기'이다.

자투리 천의 모양을 그대로 살려 사선이
많이 들어간 조각보 액자이다. 규칙성 없
이 배열되어 무질서해 보이지만 오히려 선
과 색에서 자유로움이 느껴지도록 하였다.

조각보 중앙의 네모꼴을 중심으로 바람개비 날개가 돌아가듯 같은 방향으로 배열한 조각보이다. 이러한 조각보는 구성하기 쉬우면서도 정돈된 느낌과 통일감을 준다.

조각보 만들기에서 반드시 알아야 할 과정인 푸새에 관한 이야기를 여기에서 하고 싶다. 조각보는 풀을 먹여야 제멋을 낸다. 오래된 옷감이라도 풀을 먹이면 광택이 살고 새 옷감처럼 된다. 삭힌 풀을 사용하면 좀이 슬지 않아 오래도록 좋은 상태로 보관할 수 있다. 쌀을 물에 담그면 노란색 지방과 효소 등이 뜨는데 이 물을 버리고 맑은 물이 나올 때까지 반복하면 순수한 전분을 얻어 낼 수 있다. 이렇게 삭힌 쌀은 부서지기 쉬운 상태가 되어 가루로 만들어 사용하면 된다. 물에 가루를 넣고 끓이고 식힌 후 풀을 옷감에 고루 먹여 말린다. 약간 물기가 남아 있을 때 걷어 발로 밟아 주름을 편 다음 다림질하면 빳빳하고 광택 있는 옷감이 된다.

원형인 여의주가 겹쳐 있는 것처럼 보여 여의주형 조각보라고하며, 고전 창살 무늬와도 같아 고전문보라고도 한다. 일정한 크기의 원형이 상하좌우로 일정하게 겹쳐 배열되어 네 개의 꽃잎을 가진 꽃들이 빽빽이 배열되어 있는 느낌을 주며 다른 조각보와는 달리 입체감이 있다. 보이는 부분들은 모두 곡선이지만 사실은 네모 조각들을 접어 연결한 것이다. 접힌 옷감의 사선부분을 뒤집어 부드러운 원형 곡선을 만들고 바느질로 고정하였다. 꽃잎이 만나는 곳에 박쥐 장식을 달아 화려함을 더하였다.

거북의 등껍질과 유사한 귀갑무늬는
장수를 상징한다. 고려시대에는 정육각형 문양이 새겨진 옷
감이 유행하였고 불화 등에도 자주 나타난다. 전통 조각보에
서는 육각형의 조각 천을 이은 조각보는 볼 수 없으나, 우리
전통에서 자주 볼 수 있는 상서로운 문양이기에 새롭게 응용
해 보았는데 리듬감이 있고 아기자기한 재미가 있는 것 같다.

인사동에 있는 보나 장신구 박물관에서 요요 조각보를
보고 깜짝 놀랐다. 서양 바느질이라고만 생각했던 요요
가 현대적인 조형미가 있는 조각보로 재탄생한 것이다.
관장님께서는 이 작품이 일제 강점기에 만들어진 것으로
천연 염색된 조각보라고 말씀하셨다.

　　　　호기심에 가지고 있는 옷감으로 비슷하게 재현
해 보았다. 옷감이 화학염인 양단으로 만들어 색상이 탁
하고 옷감이 두꺼워 둔탁해 보이는 아쉬움이 있지만, 옛
조각보에서는 볼 수 없는 유형이라 소개한다. 서양문물
이 들어오면서 색다른 모습의 조각보가 만들어진 것이
아닐까 추측해본다. 다음번에 천연염색한 얇은 라나 사
로 된 비단으로 다시 제작해 보고 싶은 조각보이다.

　　중심점을 가운데 두고 같은 네모꼴이 점점 확장되어 가는
동심원 형태의 생명주 홑겹 조각보이다. 가운데 네모 조각의 꽃잎 문양은
전통 조각보를 재현했으며 귀퉁이 작은 네모에 있는 문양은 가운데 꽃잎문
양과 어우러지게 새로이 디자인하였다. 꽃잎 문양선은 짙은 색실로 감침질
함으로써 멋과 운치를 더하였는데 이는 옷감이 씰그러지지 않게 잡아주는
실질적인 효과도 있다. 주로 모시나 생명주 조각보에서 보기 쉬운 형태의
조각보이다.

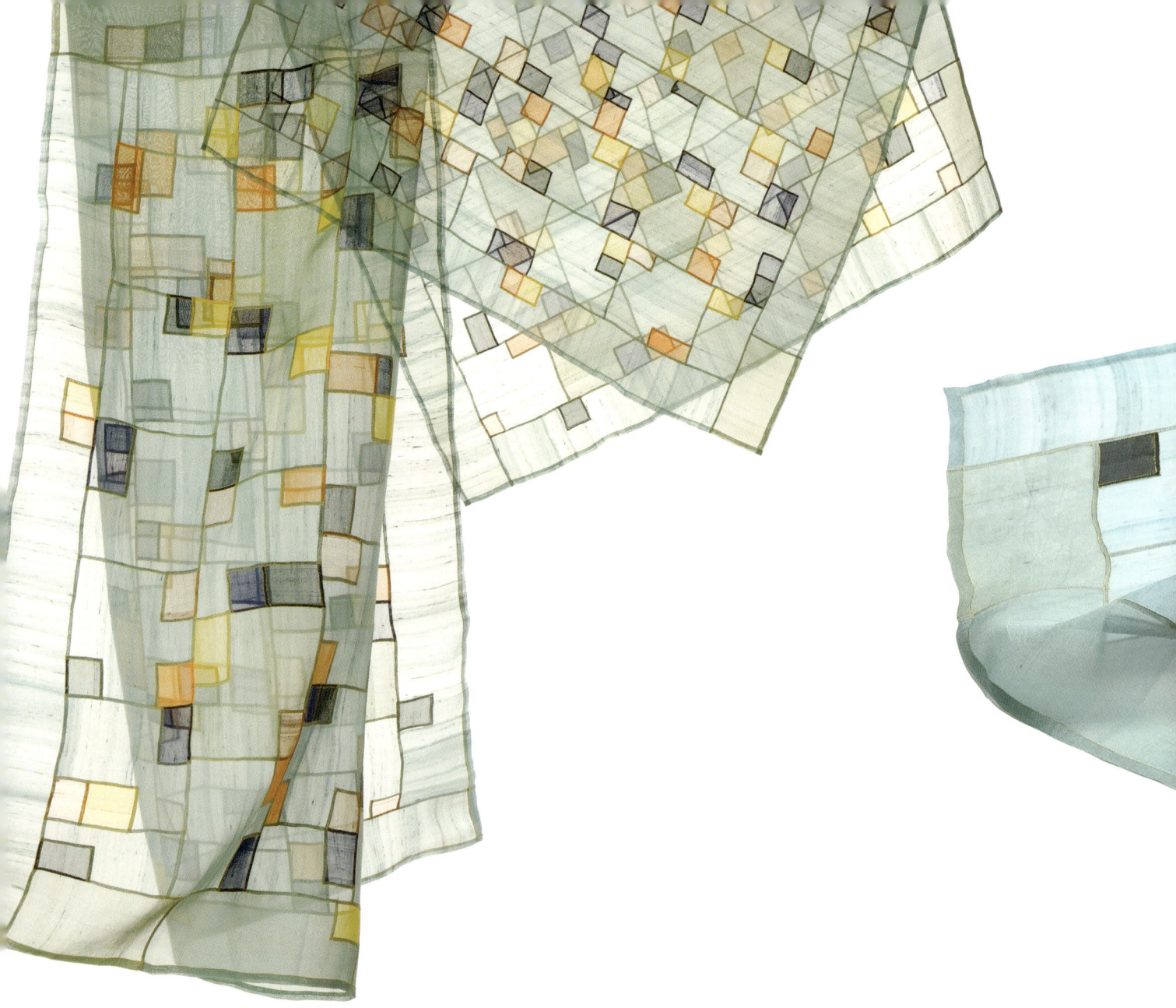

작은 조각천을 넓은 천 위에 덧대는 기법으로 만들어진 생명주 조각보이다. 덧붙이기 기법을 이용하여 조각보를 만들면 현대적인 조형미가 도드라진다. 푸른 계열의 천 위에 그와 대비되는 주황과 노랑, 밤색 그리고 짙은 남색을 덧대어 시각적으로 눈에 띄게 디자인 하였다. 홑보는 홑겹으로 빛을 비추면 바느질 솔기 선이 뚜렷이 보이는데 그 자체가 디자인적 요소가 된다. 홑보는 겹쳤을 때 새로운 모습을 보여준다.

촬영지_경기도 양평 소재 잔아 문학 박물관

조각보, 자연에 널다

조각보를 더욱
아름답게 하는 것은
다양한 색상의 어우러짐이
다. 특히 천연염색으로 만들어진
조각보는 남다른 기품이 있다. 천연염
색은 자연 속에서 얻어진 재료로 염색하는 것으로 대부분 식물의 꽃, 잎, 줄
기 등에서 염료가 얻어진다. 이렇게 얻어진 옷감은 그 색이 은은하고 차분
하며 깊이가 있다. 자연 속에서 식물들이 스스로 조화를 이루듯 천연염색으
로 얻어진 옷감 또한 어떤 배색을 해도 색상의 배합이 조화롭다. 조각보를
만들 때 가능하면 천연 염색된 옷감을 사용하라고 권하고 싶다. 자연에서
얻은 색을 이어붙인 조각보를 자연과 함께 빛에 널고 바람에 날려 보았다.
얼마나 조화롭고 아름다운지 자연 속에서 조각보는 가장 아름답게 빛난다.

천연염색을 하며

재료에 따른 샘플로 모아두었던 것을 얻어

그 모양 그대로 쌈솔로 연결하고

색실을 땋아

꼭지를 만들어

생명주 조각보를 만들었다.

생명주는

가장 천연염색이 잘 되는 섬유 중 하나이다.

천연염색 된 옷감의 깊은 색에 끌려

국립중앙박물관 교육센터의

천연염색 교실에서

이 분야의 대가이신

이병찬 선생님께 천연염색을 배웠다.

괴화, 쑥, 오배자, 양파, 애기똥풀 등

식물이 가지고 있는 자연 색이

자연 소재 옷감에

그대로 물들어 나오는 색이

어찌나 신기하고 오묘하던지….

수세와 염색을 수없이 반복해야 되는

힘든 작업임에도

얻어지는 옷감에 배어 있는

자연의 신비에 매료되어

매번 천염염색을 찾게 된다.

쪽, 잇꽃, 감, 먹물 등의 다양한 천연재료로 염색한 모시 조각보이다.
단색의 모시로 가장자리를 둘러 복잡한 조각 모음을 간결하게 잡아 주었다.

꽃잎 모양의 장식 선을 따라 홈질하였다.

홈질이지만

빛이 투과되면

앞뒤 바느질 선이 모두 비치면서 자연스럽게 하나의 연결된 선으로 보여

수놓은 느낌을 준다.

자유롭게 구성해 조각 천을 연결한 생명주 조각보와 항라 조각보다. 항라나 생명주는 옷
감이 얇아 한 겹의 홑보로 만드는 것이 좋으며, 옷감을 이을 때 쌈솔로 연결해야한다. 쌈
솔은 시접을 마주보게 겹치고 양 쪽에서 감침질 하는 것으로 시접 폭을 작게 하려면 바
느질 내공이 요구된다. 쌈솔을 처음 배워 바느질한 작품이 바로 이 항라 보자기이다. 이
보자기를 볼 때마다 처음 새로운 바느질법을 배우며 설렜던 그때의 마음이 생각난다.

세 작품은 모두 노방으로 만든 조각보이다. 노방은 아주 얇은 옷감으로, 깨끼 바느질을 하면 솔기가 튼튼히 박히고 솔기선이 가늘어 단아한 느낌을 준다. 속이 환히 비치는 옷감으로 투명한 느낌을 주는데 두 장으로 된 겹보를 만들면 옷감 조직에 물결무늬가 나타나 운치를 더해준다.

동심원 형태의 흰색 모시 조각보에 한쪽에만
끈을 길게 달았다. 정가운데와 네 귀퉁이에 꽃잎 문양을 넣
고 흰색 면실로 감침질하면 수를 놓은 것처럼 보인다. 같은
흰색으로 문양선을 바느질하고 조각을 이으니 모양선이 도
드라지진 않지만, 빛을 비추면 선이 모두 살아나 우아하면서
도 품위가 있게 느껴진다. 끈의 용도는 특별히 없으나, 끈을
달아 전통 조각보의 운치를 살려 보았다.

모시는 모시나무의 외피를 벗겨 볕에 말리는 과정을 반복한 후
한 올 한 올 쪼개어 가느다란 실을 만들고, 이 실을 베틀에 걸고 쇠꼬리를 잡아당기며
좌우로 엮어내는 과정을 반복하여 만들어 지는 귀한 옷감이다. 무엇이든 빠르고 대량
생산이 손쉬운 현대사회지만 모시만은 전 과정이 수작업으로만 이루어진다. 장시간의
인고 끝에 만들어졌을 모시이기에 더욱더 감사하는 마음으로 바느질해야겠다.

쪽으로 물들인 모시에 치자염색을 한 안동포와 생모시로 제작한 조각보이다. 8월 초순경 쪽 풀을 베어 항아리에 담고 삭힌 후 굴 껍질을 구워 만든 석회를 넣어 침전 쪽을 얻어낸다. 여기에 잿물을 넣고 발효시키면 색소와 석회가 분리되면서 거품이 생기는데 이 과정을 '꽃물 만들기'라 하며 이것을 염료로 사용한다. 푸른색도 파란색도 아닌 하늘을 담은 쪽빛 하늘색이 이렇게 얻어진다.

6월 어느 햇빛 좋은 날, 모시에 쪽물을 들이려 춘천에 갔다. 발효 쪽 전문가이신 유상열 선생님 천연염색 공방에서 해 지는 줄 모르고 쪽물을 들였다. 그렇게 얻어진 인디고 블루. 고흐의 작품 '별이 빛나는 밤'에 채색된 블루가 생각났다. 깊이 있고 진한 푸른색을 내기 위해선 반복과 반복을 더 거듭해야 한단다. 도를 닦는 마음으로….

갈색톤 색상의 조합으로 구성된 전형적인 전통 모시 조각보이다.

촬영지_성북동 소재 100년도 넘은 한옥. 도편수 고 조승원 님께서 사시던 곳으로 따님이 대를 이어 한옥을 지키고 계신다.

쓸모와
아름다움이 함께

옛 여인들이 규방에서 손수 만든 공예품들로 집안을 장식
하였듯이 지금도 우리 여인들의 손끝으로 만든 조각보나
전통소품으로 집안 곳곳을 아름답게 할 수 있다.

쓸모와 아름다움이 같이 할 때 디자인의 매력이
배가 되는 것 같다. 작품 하나하나를 만들 적마다 집안을
장식할 쓰임새를 생각하면 더욱 재미가 있고, 오늘날에도
멋과 운치를 주는 작품들을 보며 우리 전통 디자인을 이어
간다는 자부심을 느낀다.

이렇게 제작한 소품들을 집안 구석구석에 연출
해 보았다. 한옥에서는 고전적인 아름다움이 있고, 아파트
공간에서는 단아한 조형미가 돋보이며 전통과 현대의 어
우러짐이 세련되어 보인다.

국화로 염색한 모시에 꽃잎 무늬를 넣어 가리개와 램프 갓을 만들어 봤다. 꽃잎 무늬를 연결하니 여의주문보 문양 같다. 바람에 날리는 모시 끝자락으로 살짝 보이는 앞마당의 운치가 한옥의 향수를 자아낸다.

반닫이 위에, 탁자위에 그리고 방을 살짝
가리는 가리개로 조각보를 연출해 보았
다. 조각보 디자인은 역시 한옥에서 제자
리를 찾은 양 빛을 발한다.

위_다기 싸는 색동 보자기 아래_연잎 모양 찻잔 받침

양옥에서도 조각보는 주변과 잘 어우러진다. 창에 걸은 가리개가 멋스럽다. 큰 사이즈의 모시발을 걸어 고전미를 내보고, 모시 테이블 러너로 시원한 여름을 맞았다. 모시발 위에 두 줄 장식은 괴불 노리개를 응용한 것으로 귀엽고 아기자기한 멋이 있어 발의 고전적인 아이템을 사랑스럽게 만들어 준다. 전통과 어우러진 데서 묘한 세련됨이 느껴진다.

자유로운 형태의 명주 조각보는 주로 액자로 응용하였다.

어떤 유명한 추상화가의 작품을 걸어놓은 것 같지 않은가?

현대작가의 마음으로 작품을 직접 구상하고 연출하며

창작의 즐거움을 느꼈다.

집안의 다른 현대 작품과 함께 연출해보아도 어색하지 않다.

한 장인 홑보는 주로 가리개로 사용할 수 있다.
뒤가 은은하게 비치면서도 가리개 역할을 하는 조각보가
인테리어 소품으로서 집안에 독특한 정취를 준다.

연잎 다포의 응용으로 만든 테이블 매트이다.
여름철 자주 사용하는 유리그릇과의 조합이 싱그럽다.

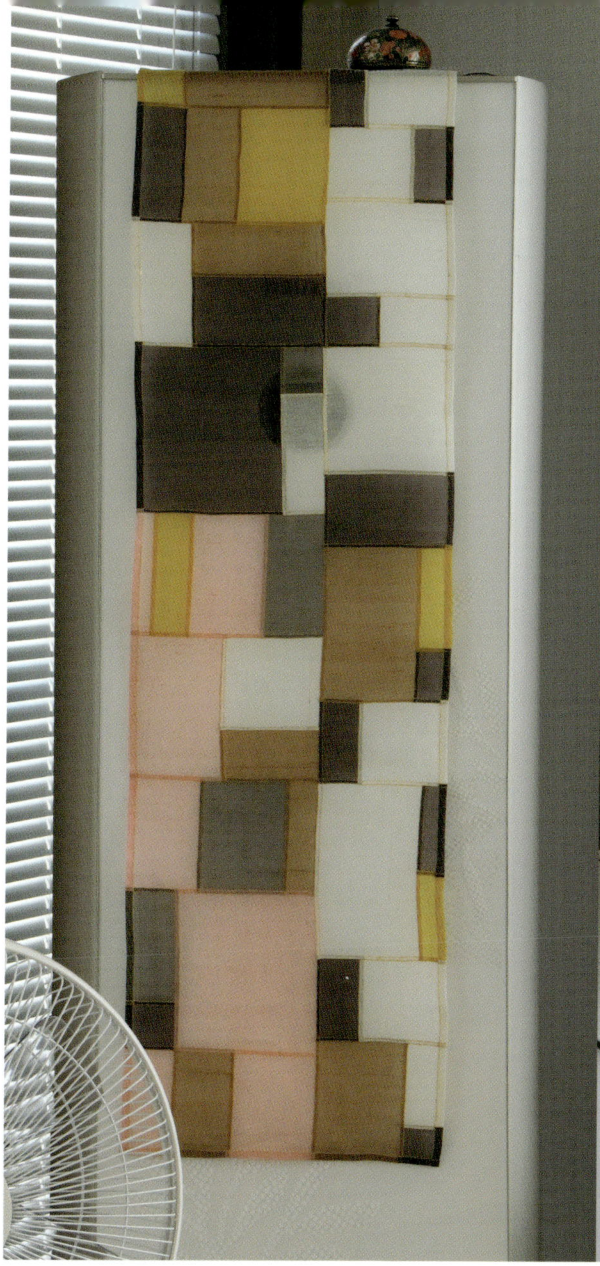

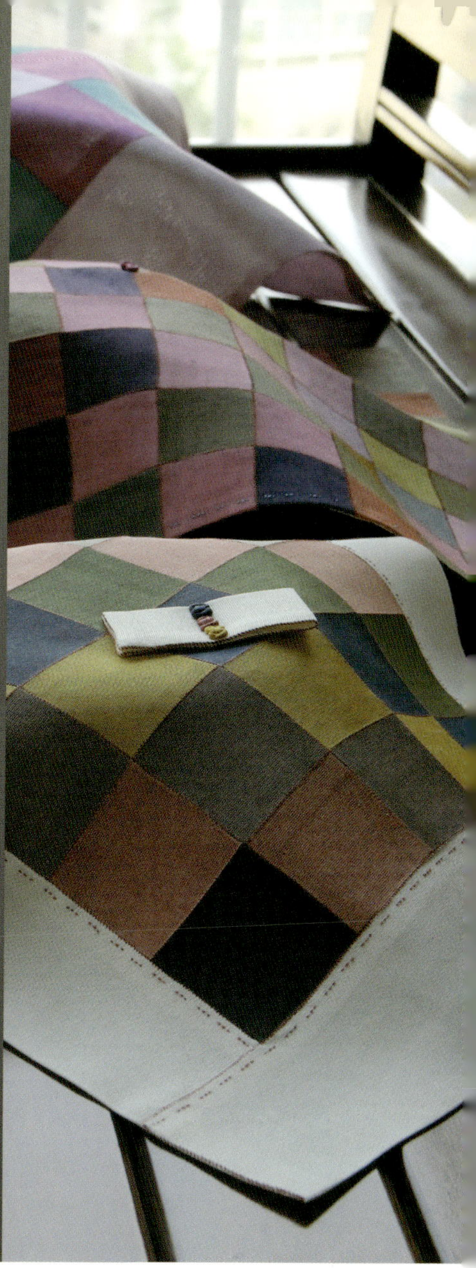

THERE IS ONLY ONE HARRODS
Harrods

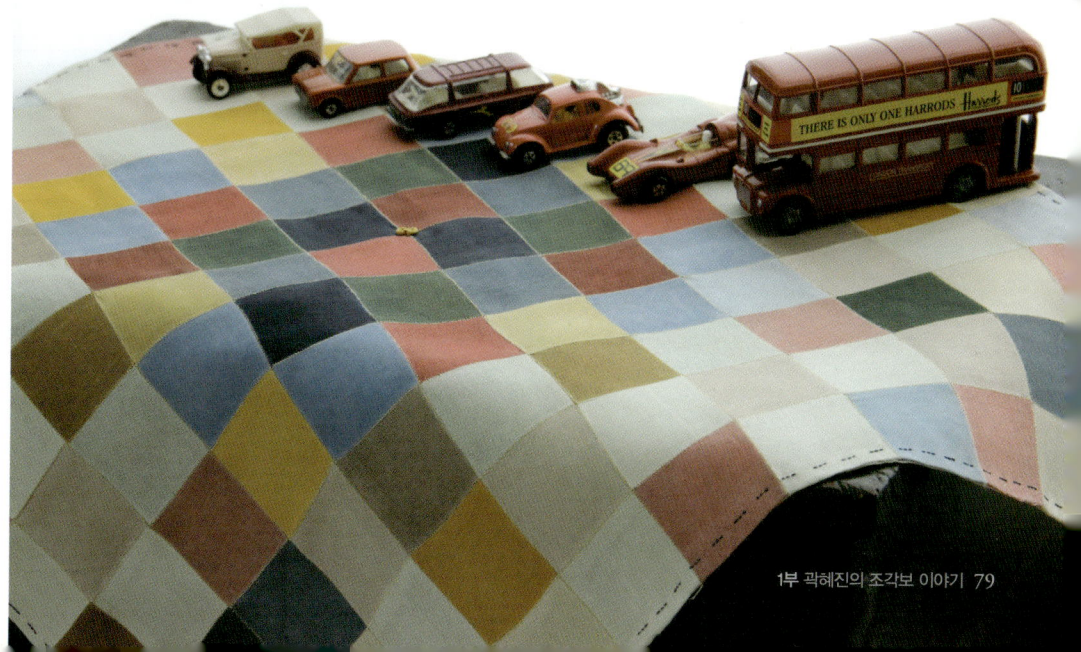

물빨래되는 양단으로 만든 다기 받침, 조각 이불, 쿠션. 집안 곳곳을 전통으로 디자인했다.

01

02

03

04

05

06

01 자가드명주겹보 360x360mm
02 명주겹보 520x520mm
03 홍화단겹보 440x440mm
04 명주겹보 510x510mm
05 명주겹보 810x800mm
06 노방겹보 830x800mm

07

08

09

10

11

12

07 명주겹보 250x250mm, 200x300, 300x1200mm
08 숙고사여의주문보 190x540mm
09 요요조각보 270x700mm
10 명주겹보 470x400mm
11 명주겹보 540x470mm
12 명주겹보 200x200mm

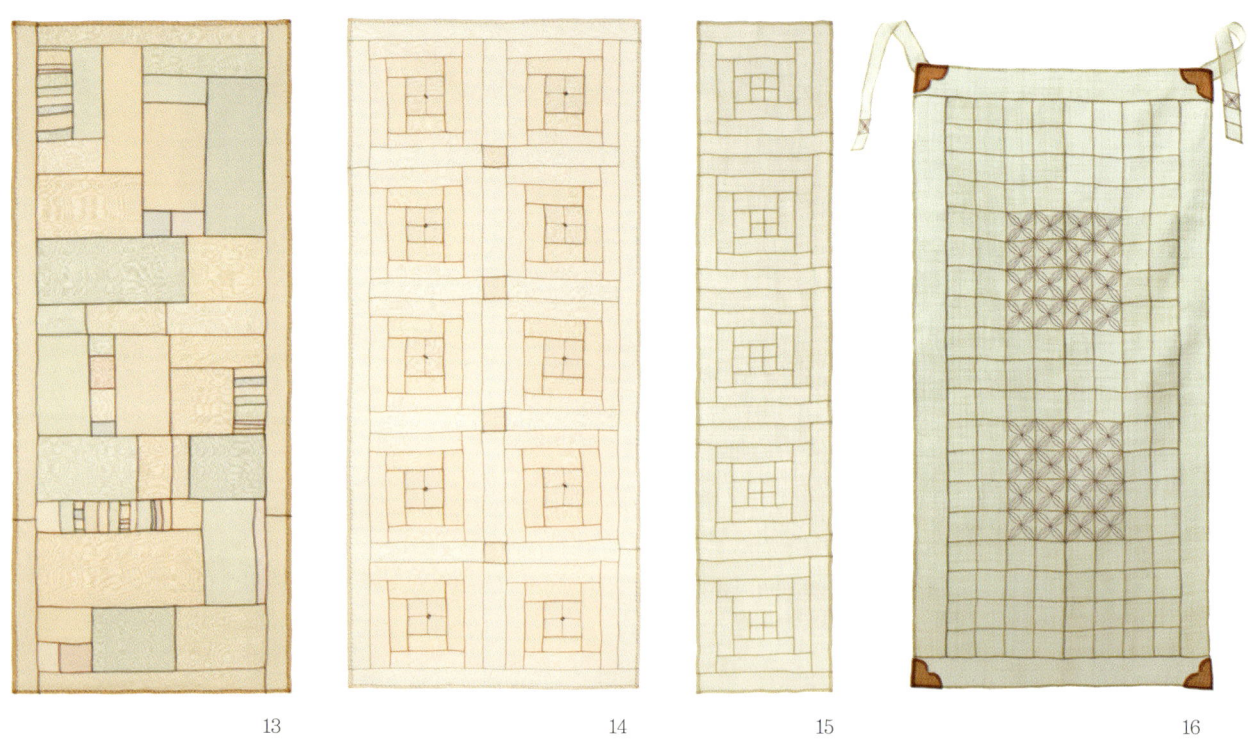

13   14   15   16

13 노방겹보 610x1480mm
14 노방겹보 610x1440mm
15 모시홑보 420x2040mm
16 모시홑보 740x1600mm
17 모시홑보 370x1800mm
18 생명주홑보 300x1560mm
19 생명주홑보 720x1800mm
20 생명주홑보 350x1190mm

17

18

19

20

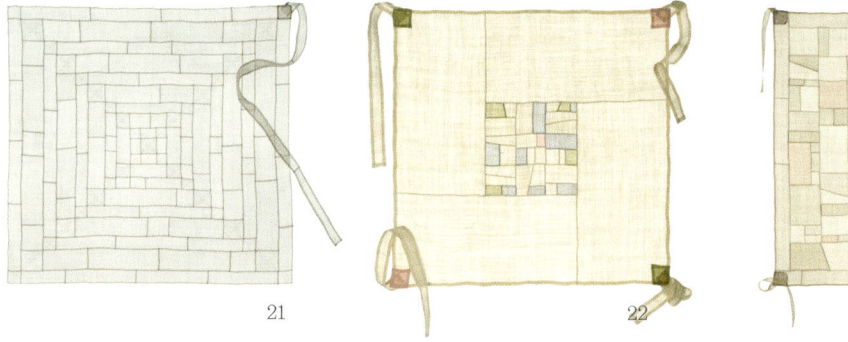

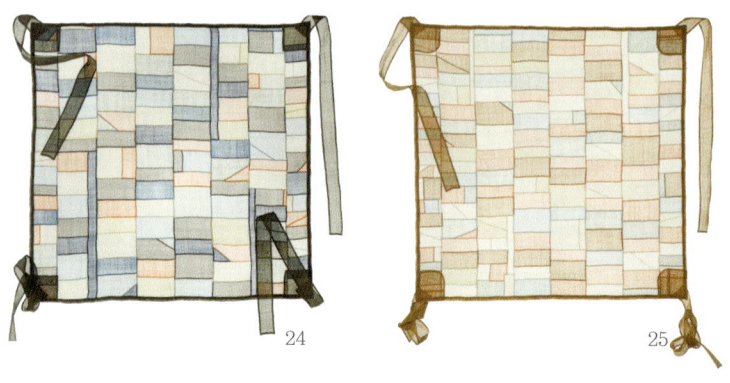

21

22

23

24

25

26

21 모시홑보 1240x1240mm
22 모시홑보 600x600mm
23 모시홑보 1140x1140mm
24 모시홑보 1010x1000mm
25 모시홑보 1040x1010mm
26 모시홑보 1300x1300mm

27

28

29

30

31

32

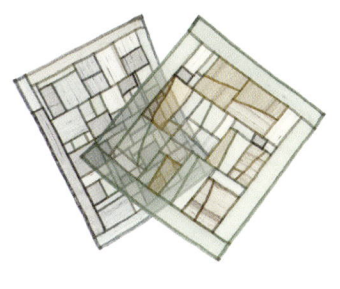

33

34

27 생명주홑보 1200x1200mm
28 생명주홑보 1050x1050mm
29 생명주홑보 750x730mm
30 생명주홑보 1200x1400mm
31 항라홑보 630x620mm
32 생명주홑보 620x620mm
33 생명주홑보 250x300mm, 270x300mm
34 생명주홑보 570x670mm

한 달에 한 개
조각보
만들어 보기

전통? 조각보? 관심은 많은데 직접 만들 엄두가 나지 않는다고요? 어렵지 않습니다. 저의 조각보 이야기를 통해 조금이라도 조각보에 매력을 느끼셨다면 그것으로 충분합니다. 전통적인 조각보와 규방공예에 현대적인 디자인을 접목시켜 열두 가지 디자인을 만들기 쉽게 제안해보았습니다. 한 달에 한 개씩 만들어 집안에 전통을 디자인하고 소중한 분들께 선물도 해보세요.

조각보는 계절에 따라 쓰이는 옷감이 다르고, 따라서 바느질 방법도 다릅니다. 봄, 가을엔 명주와 무명을 재료로 겉감과 안감이 있는 겹보를 만들고, 여름엔 모시와 삼베를 재료로 홑보를 만듭니다. 겨울엔 누비로 바느질하여 보온성과 장식성을 겸하였습니다. 따라서 한 달에 한 개씩 만들다보면 어느새 옷감에 따른 바느질법과 박쥐장식, 꼭지, 끈 등을 만드는 법도 자연스레 모두 배우게 됩니다. 만드는 과정에서 소소한 재미를 누리다보면 어느새 전통과 가까워진 자신을 발견할 것입니다. 손수 만든 조각보와 전통소품들로 품위있는 집안을 연출해보세요.

색동 누비 매트와 찻잔 받침

우리의 고유명절인 설날에는, 색동옷 입은 아이들이 떡국을 먹고 어른
들께 세배를 한다. 한 해의 복을 기원하며 시작하는 새해, 건강과 화평
을 상징하는 색동을 주제로 식탁 매트와 찻잔 받침을 만들어보았다. 손
수 만든 색동 누비 매트와 찻잔 받침으로 설날 상차림을 연출해 보자.

바둑판무늬 명주 조각보

바둑판무늬 조각보는 가장 쉽게 만들 수 있는 조각보 중 하나이다. 정사각형의 조각을 연결하여 같은 크기의 안감을 대어 겹보로 만들면 된다. 조각의 배열을 달리하여도 재미있는 디자인이 된다. 액자로 혹은 장식 받침으로 사용하면 좋다.

단아한
명주 테이블 러너

우리의 전통 색을 나란히 배열하여 색상의 율동
감을 강조한 테이블 러너이다. 바탕천은 러너를
놓을 테이블의 색에 맞춰 고르면 좋다. 2월에 바
둑판 무늬 명주 조각보를 만들어 본 후 만들면 더
욱 수월하다. 반닫이나 콘솔 위에 놓아도 단아한
멋이 있다.

마음을 담은 선물보

예의를 다하여 물건을 전달하고자 할 때 우리는 보자기를 자주 사용한다. 특히 혼례용 보자기가 그 대표적인 예이다. 싱그러운 봄기운을 받아서인지 곳곳에서 경사스러운 일이 많다. 복을 비는 마음으로 정성스레 선물보를 손수 준비해 보자. 특별한 날에 소중한 사람들에게 상품권이나 편지를 담아 선물해도 좋은 보자기다.

오
월

장식 선이 있는 모시 다과보

이제 서서히 더운 기운이 시작되는 시기이다. 5월부터 8월까지는 모시를 바느질하기에 가장
좋은 시기로 올을 따라 그리거나 접기가 용이해 바느질하기가 쉽다. 후덥지근한 여름에 까슬
까슬한 모시를 잡고 있는 것만으로도 시원한 여름을 보낼 수 있어서 좋다. 다과보를 만들어 날
벌레들이 접근하지 못하도록 다과 위에 살짝 덮어 놓자.

연귀 장식이 있는
모시가방

시원함을 담은 파란 모시 보자기가 현대 생활
에서 쓰이는 가방이 되었다. 모시조각보와 네
귀퉁이에 연귀 장식이 달린 다과보에서 아이
디어를 얻어 여름 모시가방을 디자인 해보았
다. 연귀장식은 전통장식의 효과도 있지만,
모퉁이가 쉽게 닳아 헤졌을 때 옷감을 덧대는
데서 비롯되었다. 끝이 닳아도 연귀 장식만
새로 만들어 덧대면 오래 사용할 수 있다.

 유월

전통 모시 조각보

가장 전형적인 전통 모시 조각보로 여름철 베란다 한 켠에 걸어
장식하면 고전미가 돋보인다. 여름철 창문 가리개로 걸어놓으면
무더운 날씨에도 집안이 시원해 보인다. 빛이 들어오면 바느질
선이 투명하게 드러나 운치를 더해준다.

삼베방석

삼베는 숨 쉬는 직물이라 한다. 면섬유보다 5℃정도 차가움을 느끼게 하는 특성이 있어 자동으로 수분과 열을 조절하여 늘 건조한 상태를 유지한다. 전통모시 조각보 이미지를 방석 디자인으로 옮겨 보았다. 삼베방석이면 땀이 많이 차는 무더운 여름을 시원하게 보낼 수 있다.

세모 조각 상보

어디선가 한 번 봤음직한 세모 조각보.
상보로 흔히 사용하였던 조각보이다.
이등변 삼각형을 연결하면
정사각형이 되고
이를 배열하는 방향에 따라
다른 패턴의 조각보가 된다.
상보로 사용하려면
물빨래가 되는
갑사를 사용해 만들면 좋다.
집에 한 개쯤은 마련해두고
손님을 기다리는 차림상 위에
다소곳하게 덮으면
정성을 전할 수 있지 않을까?

무명 다기받침과 찻잔 받침

쌀쌀한 가을, 좋은 사람과 마주하며 따뜻한 차를 나누고픈 계절이다.
손수 만든 다기받침과 함께 다과상을 차리면 정취를 더해줄 것이다. 디
자인은 구월에 만들어 본 세모 조각 상보의 이미지를 응용해 보았다.
옷감으로는 무명을 쓰는 것을 추천한다. 표면이 거칠고 투박하여 자연
스러운 질감이 차와 잘 어울린다. 여기에 나무를 조각하여 만든 꽃과 나
비단추를 장식으로 달아 재미를 더해볼 수 있다. 수를 놓아도 예쁘다.

납작 누비 스카프

추운 겨울에도 멋쟁이가 될 수 있는 강추 패션 아이템. 납작 누비 스카프를 두르고 나갈 적마다 멋스럽고 세련되어 보인다며 많은 사람들이 출처를 궁금해 했던 스카프! 드디어 소개한다. 납작 누비는 솜을 두지 않고 안감과 겉감만을 누벼 만든 것으로 바느질이 매우 쉽고 촉감이 부드러워 목에 둘렀을 때 따뜻하면서도 좋은 기분이 든다. 누빔 선이 고전적이면서도 세련되어 양장과 함께 하여도 멋스럽고 기품이 있어 보인다.

장식용 두루주머니와 귀주머니

12월, 한 해를 마감하며
감사하는 마음과 새해소원을 담아 주머니를 만들고
그 위에 금박이나 은박의 전통장식을 찍어보자.
크리스마스에는
오너먼트와 함께 멋진 장식이 되고,
설날을 맞이해서는
복주머니로 한껏 설날 기분을 낼 수 있을 것이다.
복주머니에 세뱃돈을 넣어
아이들에게 주어도 재미있지 않을까?

조각보와 전통소품
만드는 법

01 바느질 준비

1. 실

실은 천과 동일한 것을 사용하는 것이 일반적으로,
실크 원단에는 견사를 사용하며 상침용으로는 바느질보다
좀 더 굵은 견사를 사용한다. 면이나 모시는 면사나
재봉실을 사용한다.

2. 바늘

바늘의 굵기는 번호가 클수록 가늘어진다. 일반적으로 6~9호
바늘을 사용하며, 섬세하고 얇은 비단에는 가는 바늘이 좋다.

3. 뼈인두(헤라)

완성선을 세게 눌러 표시하면 시접이 잘 꺾여 바느질이 쉽다.
모시의 경우 실따개나 송곳 끝으로 시접선을 그리면
올을 맞춰 그리기가 더 쉽다.

02 옷감

조각보에 사용된 직물은 주로 견직물이나 모시 · 삼베 등이다. 같은 종류의 옷감을 서로 섞어 사용하며 얇은 사 종류나 모시로 된
조각보는 대개 한 겹인 홑보로 여름용이다. 두꺼운 명주나 단 종류의 천은 같이 연결하여 겹보로 만들고 주로 겨울용으로 사용한다.

조각보에 자주 사용되는 옷감

	명주	누에고치를 익힌 다음 뽑은 실로 짜서 보드랍고 광택이 좋으며 기품이 있다.
	생명주	누에고치에서 나온 생사로 빳빳하고 거칠며 자연스러운 광택이 있다.
	단	비단 종류 중 가장 두꺼우며 겨울용 옷감으로 공단과 양단, 모본단 등이 있다. 문양에 따라 연화문단, 운문단, 도류불수단, 홍화문단 등 다양하다.
견직물	노방	생사로 짠 얇은 견직물로 빳빳한 촉감을 가지며 곱솔을 이용한 깨끼 바느질로 홑보나 겹보를 만든다. 노방을 겹치면 아롱지는 구름무늬가 생기는 것이 특징이다.
	항라	줄무늬가 세로로 있는 견직물로 세련된 멋이 느껴지는 얇고 광택 있는 견직물이다.
	사	무늬를 넣어 짠 고급 견직물로 봄, 가을용 옷감으로 널리 쓰이며, 생고사, 숙고사, 갑사 등이 있다.
면섬유	무명	베틀로 짠 좁은 폭의 면으로 표면이 거칠고 투박하여 자연스럽다.
	광목	무명보다 넓다 하여 광목이며 방직기계로 짠다.
마섬유	삼베	대마로 굵게 짠 마직물로 통기성이 좋고 질기며 깔깔하여 여름용 옷감으로 쓰인다.
	모시	저마를 사용하여 짠 것으로 정련, 표백하지 않은 생모시는 연한 갈색을 띠며 표백한 모시는 흰모시로 시원하고 까실까실하여 여름용 옷감으로 이용된다.

03 조각보에 쓰이는 바느질법

1. 홈질

가장 기본이 되는 손바느질법으로 땀의 크기가 고루 되도록 일정하게 직선으로 바느질하는 법이다.

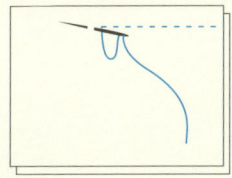

2. 박음질

홈질보다 더 튼튼하게 하는 바느질법으로 한 땀의 크기만큼 온전히 되돌아가서 뜨는 온박음질과 반만큼만 되돌려 뜨는 반박음질이 있다.

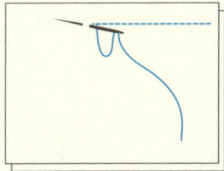 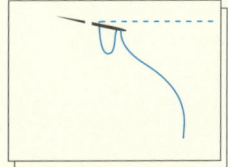

3. 시침질

두 겹 이상의 옷감을 겹쳤을 때 밀리지 않도록 고정시키는 바느질법이다.

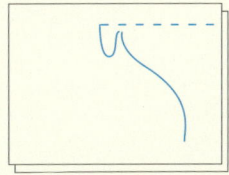

4. 감침질

조각보를 만들 때 가장 많이 사용하는 바느질법으로 시접을 안으로 꺾어 천의 안과 안을 마주대고 고르게 뜬다. 실선이 잘 드러나므로 장식적인 효과를 위해 바탕천과 대비되는 색상을 실로 선택하면 디자인 효과가 있다.

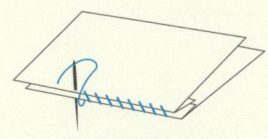

5. 공그르기

홑보의 단을 정리하거나 겹보에서 창구멍을 막을 때 주로 사용하며 실이 겉으로 보이지 않도록 접은 시접의 안쪽을 떠서 꿰매는 바느질법으로 'ㄹ' 자 모양으로 연결한다.

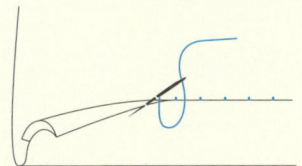

6. 상침

바느질 방법은 박음질과 같으나 겉감과 안감을 고정하는 역할을 하며 실이 겉으로 보이기 때문에 장식적인 효과도 있다. 땀 수에 따라 두땀 상침, 세땀 상침이 있다. 보자기의 가장자리에 주로 이용된다.

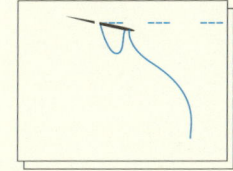 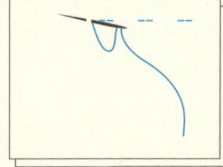

7. 꼬집기

디자인 선을 따라 문양을 나타내줄 수 있는 기법으로 천을 접어 가늘게 홈질하거나 감침질한다.

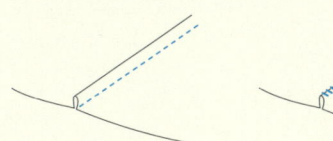

8. 누비기

바늘을 두 천 사이로 비스듬히 넣으면서 홈질하면 양면의 천에 바느질 선이 고르게 나타난다.

04 솔기하기

1. 가름솔

홈질이나 박음질한 후 솔기를 좌우로 갈라놓은 것이다. 솔기 부분의 올이 풀리므로 안감을 대어 겹보를 한다.

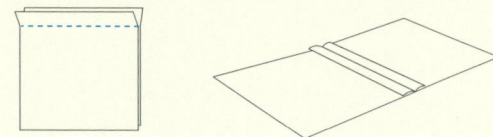

2. 쌈솔

안감과 겉감의 솔기를 서로 마주보게 겹쳐 양쪽 면에서 감침질하는 바느질이다. 앞뒷면 바느질 면이 똑같이 나타난다.
생명주나 모시와 같은 얇은 천을 연결하는 데 사용되며 한 겹으로 한 홑보에 사용되는 솔기이다.
여기에서는 두 가지 쌈솔을 소개한다. 원리는 같으나 완성 후 모양이 약간 다르다.

2-1) 쌈솔 1. (홈질+홈질) 시접 폭을 3mm로 하는 경우

1. 겉감과 안감의 겉과 겉이 만나도록 한다.
   시접 5mm 들어가 홈질한다.

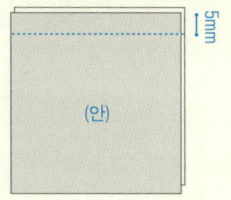

2. 두 개 시접 중 하나를 3mm 미만으로 남기고 잘라낸다.
   다른 하나는 바느질선에서 시접 쪽으로 3mm 나가
   뼈인두로 선을 그리고 접어준다.

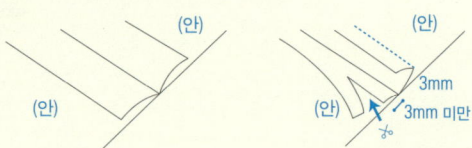

3. 접은 쪽의 시접을 잘라낸 시접 쪽으로 눕혀 눌러준
   다음 시접선에서 1mm 들어가 홈질한다.

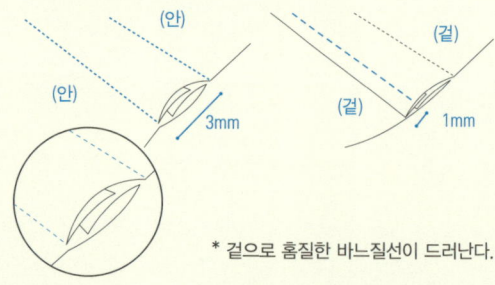

* 겉으로 홈질한 바느질선이 드러난다.

2-2) 쌈솔 2. (감침질+감침질) 시접 폭을 3mm로 하는 경우

1. 겉감과 안감의 안과 안이 만나도록 한다.
   시접 5mm 들어가 시접선을 그리고 각각 접어
   감침질한다.

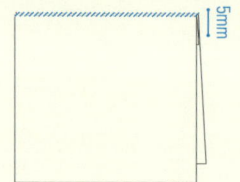

2. 두 개 시접 중 하나를 3mm 미만으로 남기고 잘라낸다.
   다른 하나는 바느질선에서 시접쪽으로 3mm 나가
   뼈인두로 선을 그리고 접어준다.

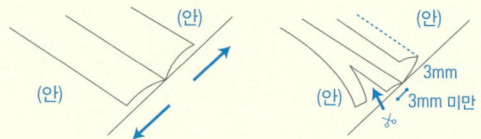

3. 접은 쪽의 시접을 잘라낸 시접 쪽으로 눕혀 눌러 준
   다음 시접선과 만나는 선을 뼈인두로 선을 긋고
   접어 꺾은 후 바탕천과 함께 감침질한다.

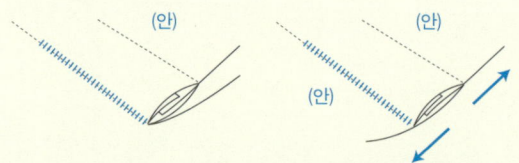

05 바느질 팁

1. 박쥐장식 만들기

1. 명주를 시접 없이 3 X 3cm를 준비한다.

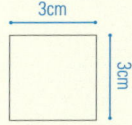

2. 꼭지점을 핀으로 천의 중앙까지 만다. 꼭지점이 반드시 천의 중앙을 향하도록 한다.

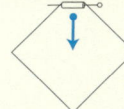 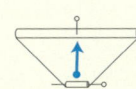

3. 천을 말았을 때 양쪽의 두께가 같아야 한다. 말은 상태에서 반으로 접는다.

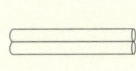 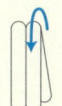

4. 5~6mm 밑을 여러 번 단단히 바느질한 후 두 번 실을 감아 매듭짓는다. 실은 남겨두고 밑부분의 천을 바짝 잘라준다.

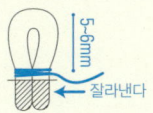

5. 벌려서 모양을 잡아준다.

6. 조각보 위에 고정시킬 때는 바느질 흔적이 남지 않도록 틈새를 집어주도록 한다.

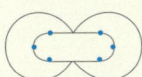

2. 모서리 마무리하기

2-1) 직선

1. 모서리를 1cm 시접분을 남기고 잘라낸다.

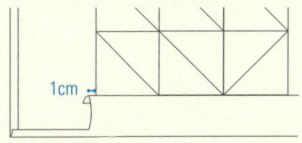

2. 모양을 잡고 감침질로 마무리한다.

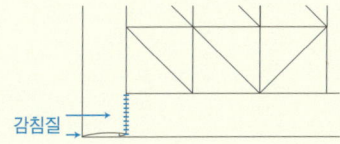

2-2) 사선

1. 양쪽 모서리를 접어 모서리를 뼈인두로 그어 아래 부분까지 자국을 남긴다.

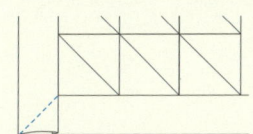

2. 바깥 쪽으로 시접 1cm 를 남기고 잘라낸다.

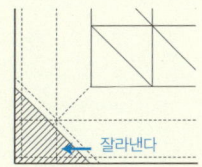

3. 모서리를 접어 모양을 만든다.

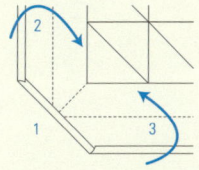

4. 감침질로 마무리한다.

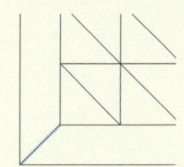

1월 색동 누비 매트와 찻잔 받침

난이도 ● ○ ○

색동 누비 매트

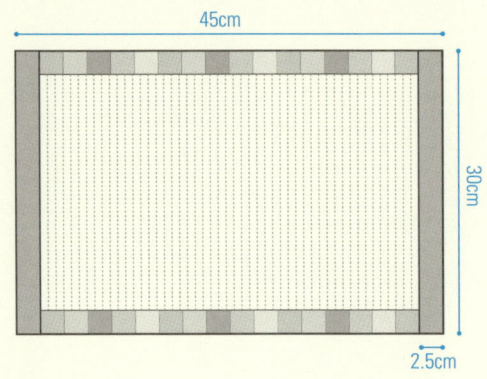

45cm

30cm

2.5cm

준비물

앞감: 누비천 45 X 30cm
뒷감: 색동천 52 X 37cm

실: 면사
기법: 홈질

1. 색동천 가장자리에서 10mm 시접을 접어 다린다.

2. 누비천을 색동천의 가운데에 놓고 밀리지 않도록 시침한다.

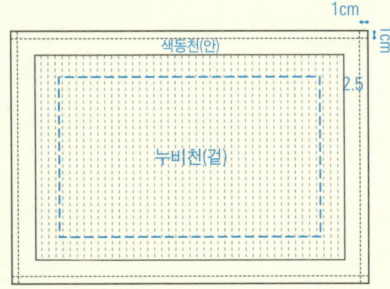

색동천(안)

누비천(겉)

1cm
1cm
2.5

3. 위와 아래쪽을 먼저 접은 후 가장자리에서 1mm 들어가 뒷감까지 홈질한다.

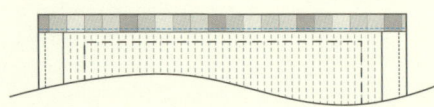

4. 좌우도 3번과 같은 방법으로 마무리한다.

5. 시침실을 제거한다.

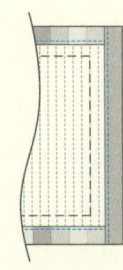

찻잔 받침

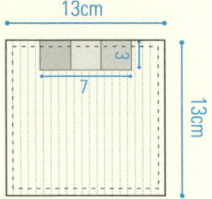

13cm

3

7

13cm

준비물

앞감: 색동천 9 X 5 cm
　　　 누비천 15 X 15cm
뒷감: 색동천 15 X 15 cm

실: 면사 & 무지개색 실
기법: 홈질

1. 색동천 가장자리에서 1cm 시접을 안쪽으로 접어 다린다.

7cm

2. 누비천 한쪽 면에 놓고 가장자리에서 1mm 들어가 홈질한다.

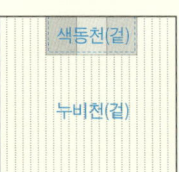

색동천(겉)

누비천(겉)

3. 겉과 겉을 마주하여 가장자리에서 1cm 들어가 창구멍을 남기고 홈질한다.

4. 창구멍을 통해 뒤집은 후 창구멍은 공그르기한다.

창구멍(대략 4cm)

5. 가장자리 7mm 들어가 홈질한다. 이때 무지개색 실이나 장식실을 이용하면 좋다.

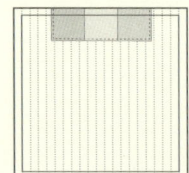

2월   바둑판무늬 명주 조각보

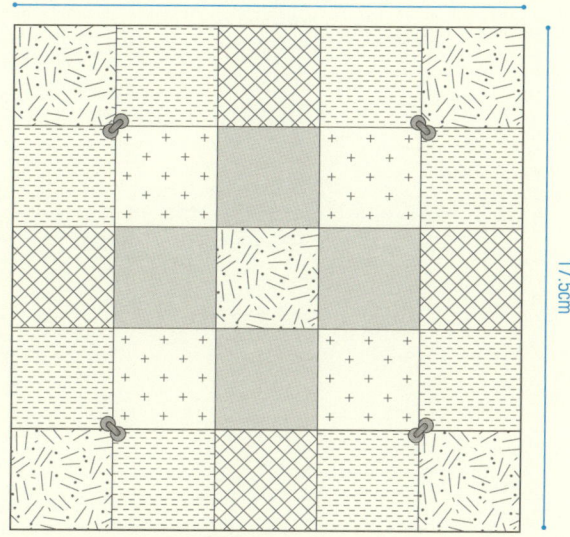

17.5cm

17.5cm

준비물
앞감: 명주 조각 5 X 5cm 25장

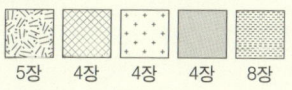

5장   4장   4장   4장   8장

뒷감: 흰색명주 20 X 20cm

실: 견사 & 상침용 견사
기법: 감침질 & 세땀 상침
      혹은 한땀 상침

---

1. 5 X 5cm 조각에 뼈인두로 3.5 X 3.5cm 크기로 시접선을 그려
접어 다린다. 이때 첫 줄과 마지막 줄에 가장자리 시접선을
그리지 않는다.

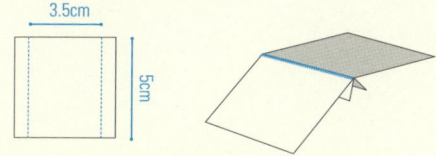

3.5cm

5cm

2. 감침질로 가로줄을 연결한다.

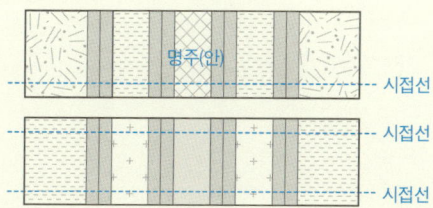

명주(안)

시접선

시접선

시접선

3. 한 줄씩 다 이은 후 세로를 각각 감침질로 연결한다(시접 7mm).

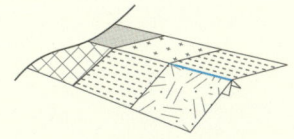

4. 조각 이은 천과 뒷감의 안쪽이 서로 만나도록 겹친 다음 핀을
꼽는다. 그리고 가장자리 완성선을 안감 쪽까지 나타나게
강하게 뼈인두로 그린다.

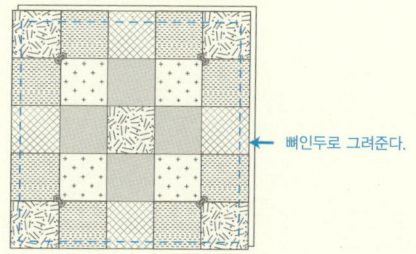

뼈인두로 그려준다.

5. 뼈인두 자국을 따라 겉감과 뒷감의 시접분(시접 7mm)을
안쪽으로 접어 다린다. 시침한 후에 가장자리를 감침질한다.

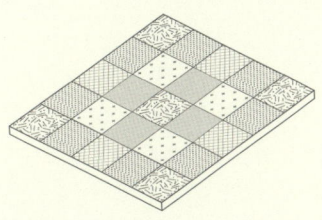

6. 가장자리에서 6mm 들어가 세땀 상침하거나 한땀 상침하고
박쥐장식 매듭으로 마무리한다.

 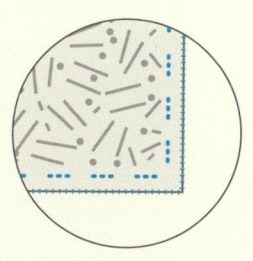

3월 단아한 명주 테이블 러너

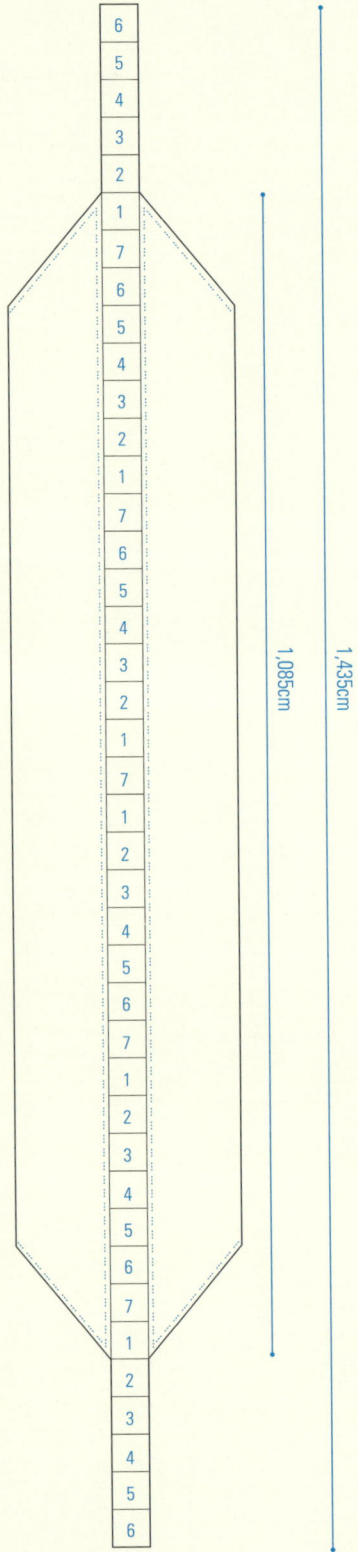

1,085cm

1,435cm

준비물

앞감: 명주조각 5 X 5cm 41조각
뒷감: 명주 1 폭 X 1,100cm
　　　(명주 한 폭을 그대로 이용한다)
　　　명주 5 X 19cm 2장 (꼬리부분)

실: 견사 & 상침용 견사
기법: 감침질 & 세땀 상침

---

1. 5 X 5cm 조각을 3.5 X 3.5cm 크기의 시접선을 뼈인두로 그리고 꺾어
   다림질한 후 감침질 또는 홈질하여 41조각을 연결한다(시접 7mm).

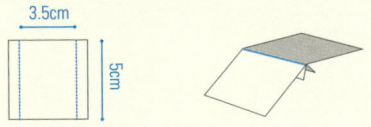

3.5cm

5cm

2. 연결한 색동은 가름솔로 하고 3.5cm 폭으로 뼈인두로 시접선을 그리고
   꺾어 다림질한다.

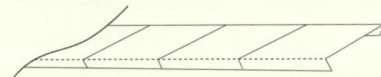

3. 바탕천의 안쪽 가장자리에 7mm 시접선을 그리고 다림질한다.

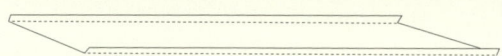

4. 2와 3을 감침질 혹은 홈질로 연결한다.
   길이가 긴 디자인이므로 중앙에서 바깥 쪽으로
   시침한 후에 바느질하는 것이 좋다.
   꼬리 부분은 5조각 남긴다. 이때 시접 부분은
   바느질하지 않는다.

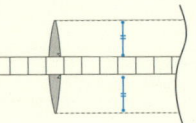

5. 색동조각이 한가운데 오도록 핀으로 고정한 후 다림질한다.

6. 모서리의 사선 부분은 완성선을 뒤까지 표시
   나도록 뼈인두로 그린 다음 7mm 밖으로 나가
   시접선을 그리고 잘라낸다.

잘라낸다

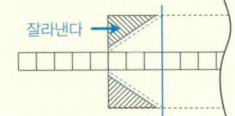

7. 시접은 안으로 접어 넣어 다린 다음 시침하고 감침질한다.
   * 사선 부분은 늘어나지 않도록 반드시 시침을 먼저 해야 한다.

8. 색동조각 꼬리 부분에 뒷감을 대고 시침 후 감침질한다.

9. 한땀 혹은 세땀 상침한다.

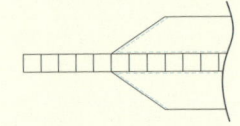 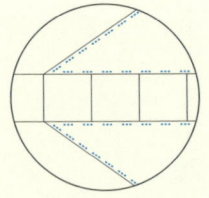

4월 마음을 담은 선물보

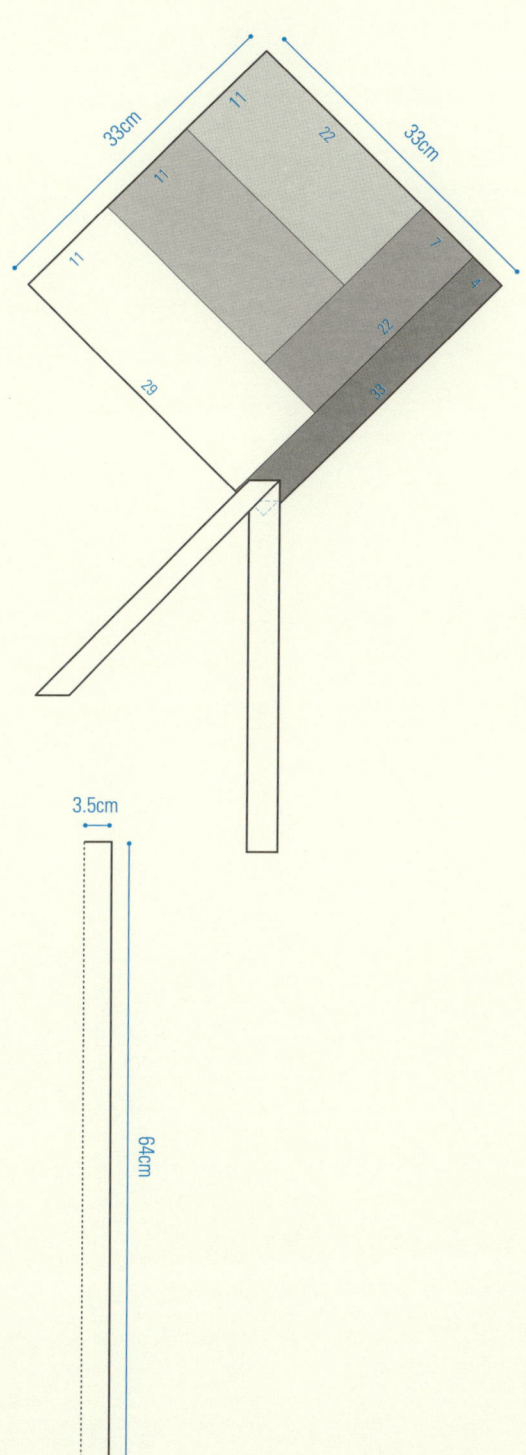

준비물

앞감: 명주 혹은 생고사 (옆 도안 참조)   실: 견사 & 상침용 견사
뒷감: 명주 혹은 생고사 34.5 X 34.5cm   기법: 감침질, 홈질 & 세땀 상침
끈: 명주 혹은 생고사 8.8 X 66cm

---

* 마름질시 도안의 크기보다 시접분 1.5cm를 더하여 제도한다.

1. 감침질로 조각을 연결한다.

2. 조각천의 겉과 뒷감의 겉을 맞대고 가장자리에서 7mm
   들어가 창구멍을 남기고 홈질한다.

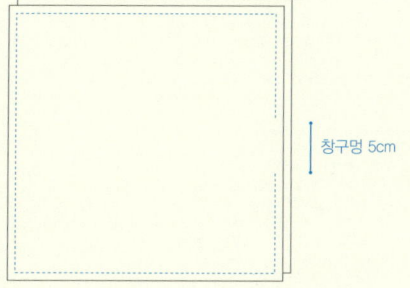

3. 창구멍으로 뒤집어 다린 후 창구멍은 공그르기한다.

4. 끈은 가장자리에서 7mm 들어가 창구멍을 남기고 홈질한다.
   창구멍은 전체 길이의 1/3 부분이 적당하다.

5. 창구멍으로 뒤집어 다린 후 창구멍은 공그르기한다.

6. 끈 달 위치를 정하고 고정한 후 시침한 다음 세땀 상침한다.
   * 끈의 위치는 접어보아 보기 좋은 모서리에 다는 것이 좋다.

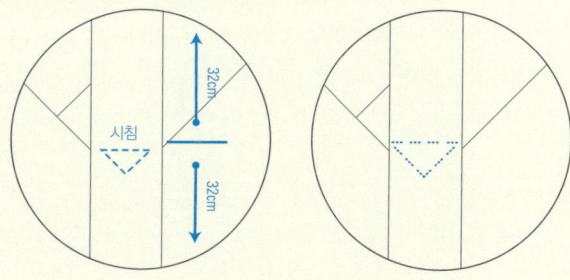

5월 장식선이 있는 모시 다과보

모시는 올을 맞추어 바느질하면 바느질도 쉽고 바느질 후 모양새가 반듯하다. 실따개나 송곳 끝을 이용하여
올을 맞춰 그리면 편리하다.

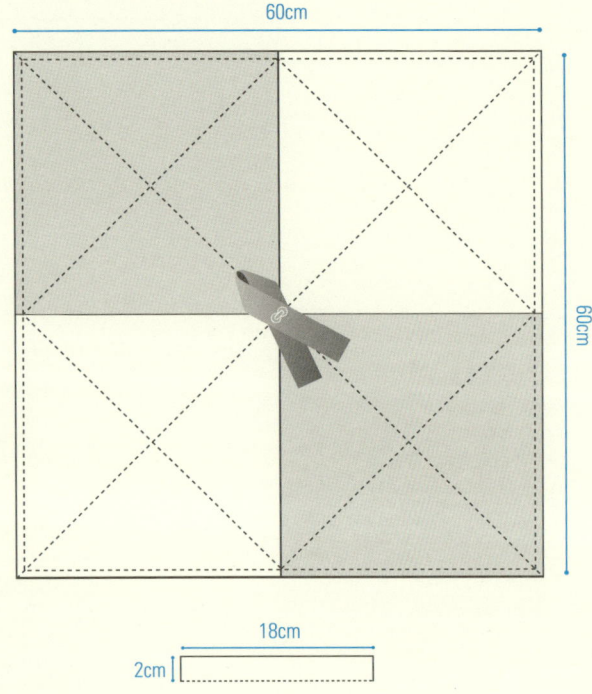

60cm

60cm

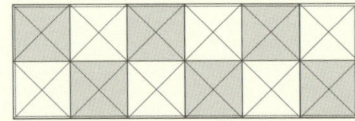

18cm

2cm

준비물

모시조각: 32 X 32cm 4조각
꼭지: 모시 5 X 19cm
박쥐장식: 모시 3 X 3cm

실: 면사
기법: 쌈솔 1. (홈질+홈질) & 홈질

* 모시 한 폭을 그대로 이용하여 정사각형으로 자른다.
* 모시 4조각을 길게 연결하면 모시 가리개로 사용할 수 있다.

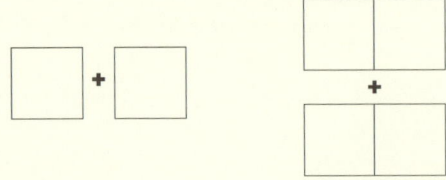

1. 32 X 32cm 조각을 쌈솔(홈질+홈질)로 연결한다.

2. 테두리 정리하기: 천 안쪽 가장자리에서 5mm 그리고 또
   5mm를 그려 두 번 접어 가장자리를 홈질로 마무리한다.

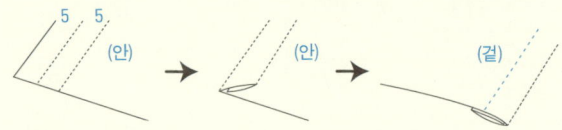

3. 대각선으로 모양선을 그리고 장식을 위해 홈질(빨강색)한다.

4. 꼭지는 시접 5mm로 하여 그린 후 시접을 접고 길이로
   반을 접어 감침질(흰색)하고 다린다.

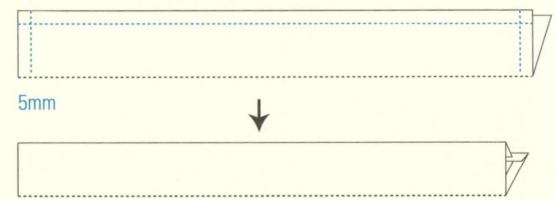

5. 꼭지를 달고 박쥐장식을 한다.

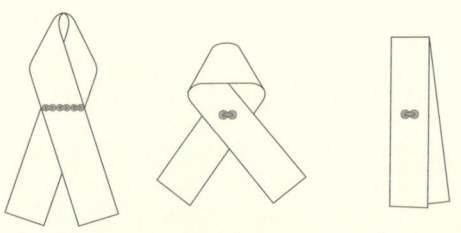

* 꼭지의 모양은 접는 모양에 따라 달라진다.
* 박쥐장식은 꼭지의 폭에 따라 하나 혹은 세 개를 달 수 있다.
  한 개 이상의 박쥐장식을 할 경우 색상은 다르게 하는 것이 좋다.

6월 연귀 장식이 있는 모시가방

난이도 ●●●

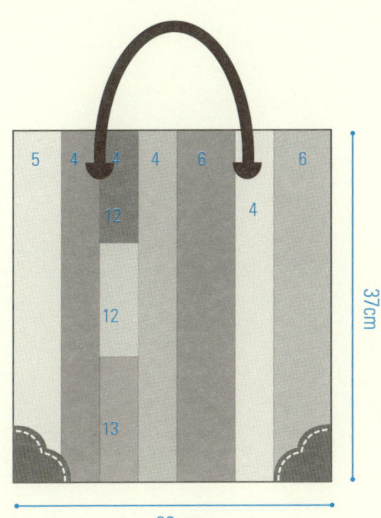

37cm

33cm

32cm

43cm

준비물

겉감: 모시 자투리 천
안감: 광목
끈: 너무 무겁지 않은 소재

실: 면사
기법: 감침질, 홈질 & 박음질

* 끈은 인터넷이나 동대문 종합시장(5층)에서 쉽게 구할 수 있다.

* 면사 이용시 디자인 색실을 이용하면 좋다.

* 마름질시 도안의 크기보다 시접분 1.5cm를 더하여 제도한다.

1. 겉감 조각잇기: 원하는 디자인으로 모시조각을 홈질이나 감침질로 연결하여 겉감의 양쪽을 완성한다.

2. 가방의 바닥이 되는 겉감의 끝을 홈질이나 감침질로 연결한다.

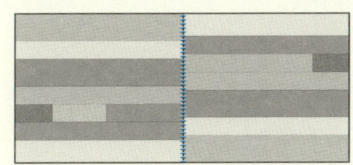

3. 덧대는 장식 만들기: 딱딱한 종이로 완성본을 만들어 장식천의 안쪽에 대고 시접분은 안쪽으로 밀어 다림질하여 모양을 만든다. (장식 문양은 페이지 뒷부분 참조)

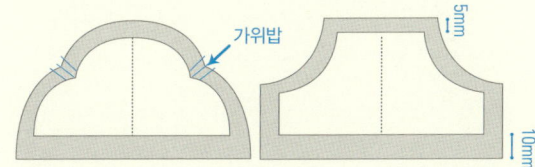

가위밥

5mm

10mm

4. 겉감을 연결한 선이 장식의 중앙에 오도록 하여 시침질로 고정하고 장식 가장자리에서 1mm 들어가 예쁘게 홈질한다.

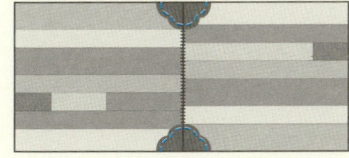

5. 안감을 겉감과 같은 크기로 제도한다. (속주머니를 먼저 만들어 달면 편리하다.)

6. 겉감과 안감 연결하기: 겉감과 안감을 서로 마주대고 겉감의 끝과 안감의 끝을 박음질한다.

7. 겉감과 안감을 연결한 선이 서로 마주 보도록 접은 후, 창구멍(15cm)을 남기고 양 옆선을 박음질한다.

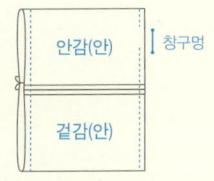

안감(안)

창구멍

겉감(안)

8. 창구멍으로 뒤집은 다음 안감이 밀려나오지 않도록 가장자리를 홈질한다.

9. 원하는 위치에 가방 끈을 단다.

7월 전통 모시 조각보

90cm

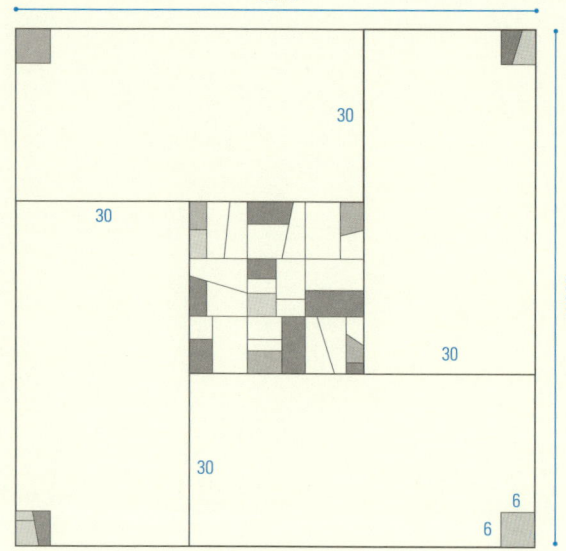

30
30
30
30
30
6
6

5cm

60cm

10 10 10
3 4 3 3 8 2 6 4
5 6 4
10 5 6 4 5
5 4 6 6 4
3 10
3 3.5
6 2.5 7 5.5
10 7 3 4 5
4 4 5 3
4 3 2 5 3 3
10 2 4 5
6 4 6 2 7 5 2 7

준비물

옷감: 모시 조각 (아래 도안 참조) | 실: 면사
끈: 모시 5 X 60cm 4개 | 기법: 쌈솔 2. (감침질+감침질)

---

* 가지고 있는 모시 자투리 천으로 응용할 수 있다

* 사선 바느질이 어려우면 사선을 직선으로 바꾸어 제도한다.

* 마름질시 도안의 크기보다 시접분 2cm를 더하여 제도한다.

1. 조각잇기: 원하는 디자인으로 모시조각을
   쌈솔(감침질+감침질)로 연결한다. 연결순서는 조각들을
   10X10cm로 9조각으로 만든다. 3조각씩 가로나 세로로 연결해
   길게 3조각으로 만든후 다시 3조각을 연결해 완성한다.

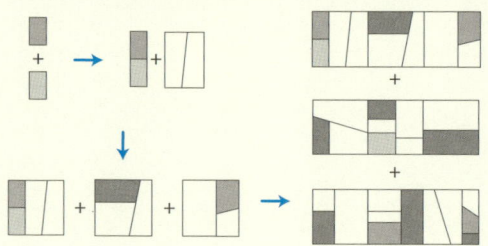

2. 가장자리에 안쪽으로 들어가 1cm
   시접을 주어 접는다.

3. a의 한쪽에 1cm 시접을 주어 접고
   완성된 조각을 쌈솔로 연결한다.

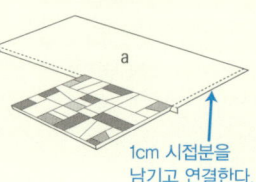

a

1cm 시접분을
남기고 연결한다.

4. 위의 순서로 조각들을 쌈솔로 연결한다.

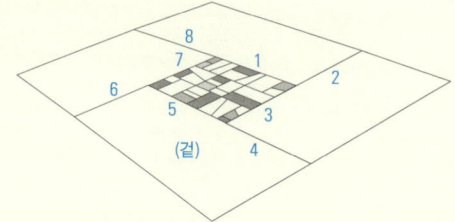

8
7 1
6 2
5 3
(겉) 4

5. 테두리 정리하기: 천 안쪽 가장자리에서 5mm 그리고 또
   5mm를 그려 두번 접어 감침질로 마무리한다.

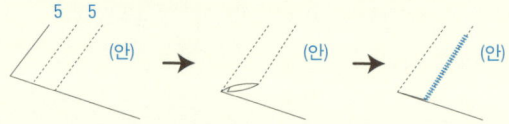

5 5
(안) → (안) → (안)

6. 구석의 네모조각은 원하는 패턴으로 조각을 연결한다.

7. 끈을 다는 경우 끈은 5번의
   테두리 정리하기와 바느질이
   같다. 귀퉁이에 끈을 고정하고
   네모 조각을 덧대어
   감침질한다.

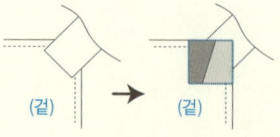

(겉) → (겉)

8월 삼베방석

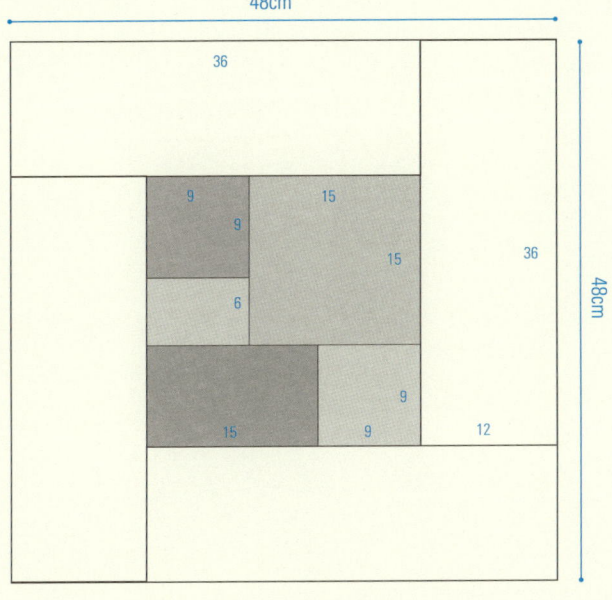

준비물

앞감: 삼베조각 (위 도안 참조)
뒷감: 삼베 50 X 50cm
안감: 광목 53 X 53cm
지퍼: 40cm

실: 면사
기법: 감침질, 홈질 & 박음질

* 마름질시 도안의 크기보다 시접분 1.5cm를 더하여 제도한다.

1. 앞 조각천은 감침질로 연결하고 가름솔로 다림질한다.

2. 뒷감은 식서방향에 맞추어 1/3(a) : 2/3(b)로 자른다.

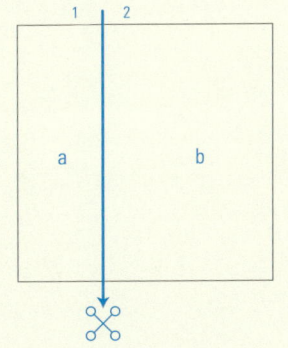

3. 지퍼달기

   3–1. 뒷감(b)는 시접 2cm 폭으로 접어 양끝 4.5cm 안쪽으로
       지퍼를 위치하도록 한 후 시침한다.
       1mm 들어가 반박음질한다.

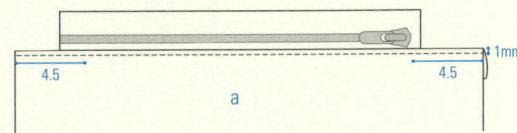

   3–2. 뒷감(a)는 시접 3cm 폭으로 접어 뒷감(b)와 5mm
       겹치게 위치하도록 한 후 시침한다.

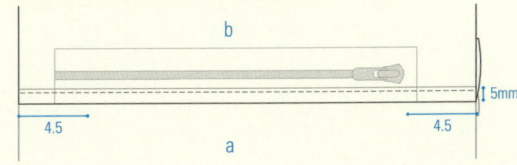

   3–3. 위와 같이 1mm 들어가 ⌐_⌐ 모양으로 반박음질한다.

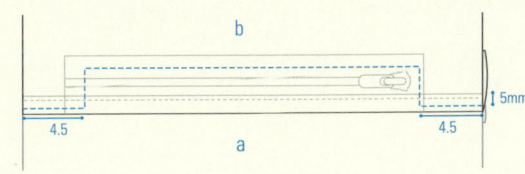

4. 광목 싸박기

   4–1. 겉감보다 광목을 3cm 크게 마름질한다.

   4–2. 광목 〉 앞조각모음천(겉) 〉 뒷감(안) 순서로 놓은 다음
       시침하고 시접을 잘 정리한 다음 완성선을 반박음질한다.

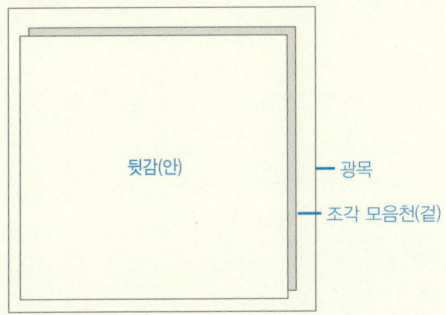

   4–3. 나온 시접들을 광목으로 7mm 두 번 접어 감싸 박아준다.

5. 지퍼 쪽으로 뒤집으면 완성이다.

9월 세모 조각 상보

38cm

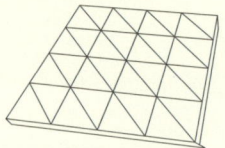

38cm

7 5

7

7

7

7

12cm

1.5cm

준비물

앞감: 자가드 명주 혹은 숙고사 10 X 10cm 10장
뒷감: 항라(흰색) 50 X 50cm
박쥐장식: 자가드 명주 혹은 숙고사 3 X 3cm
꼭지: 항라(흰색) 13 X 4cm
실: 견사 & 상침용 견사
기법: 감침질 & 세땀 상침

1. 원하는 색상의 천을 10X10cm로 마름질하고
   대각선으로 자른다.

2. 삼각형 조각 사선 안쪽으로 7mm 시접 주어
   뼈인두로 그리고 접는다. 시접은 양쪽으로
   늘어나는 것을 방지하기 위해 위에서 모양을
   잡으며 다리미로 살짝 눌러 다려준다.

3. 감침질로 사선을 연결한다.

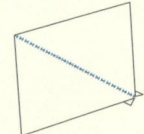

4. 나머지 삼각형 조각천도 위와 같은 방법으로 연결한다.

5. 아래와 같은 순서로 조각을 감침질로 잇는다.

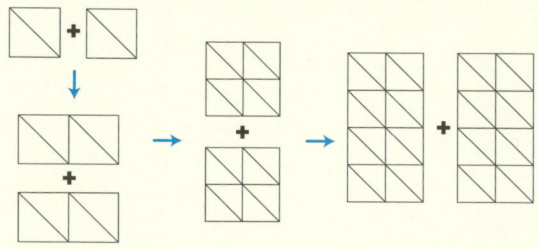

6. 연결한 조각천 상하좌우 시접 7mm를 안쪽으로 접어 다린다.

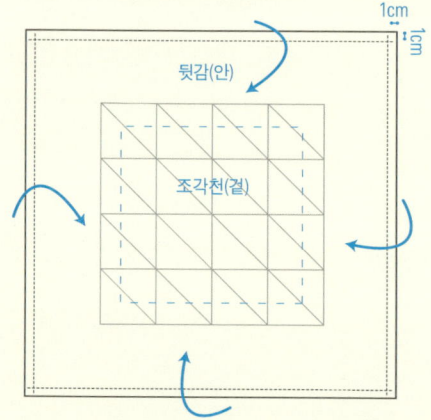

6. 뒷감은 시접 1cm를 접어 다린 후 겉감 조각천이
   가운데 오게 한 후 시침한다.

1cm

1cm

뒷감(안)

조각천(겉)

7. 왼쪽의 완성된 그림처럼 안감의 가장자리를 말아 조각천
   가장자리와 만나게 핀을 꽂고 감침질한다.
   (05 바느질 팁-모서리 마무리하기 참조)

8. 안쪽 중심에서 바깥쪽으로 다린다.

9. 세땀 상침으로 마무리한다.

10. 꼭지는 시접 5mm로 하여 그린 후 시접을 접고 길이로
    반을 접어 감침질하고 다린다. (5월 참조)

11. 위의 그림과 같이 보자기 중앙에 접어 달아준다.

12. 박쥐장식이나 술을 달아 마무리한다.

10월　무명 다기받침과 찻잔 받침

난이도 ●●○

다기받침

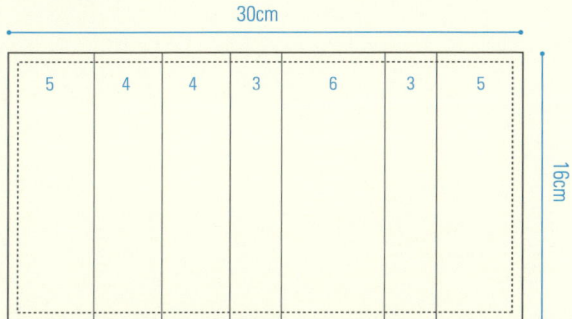

30cm

16cm

5　4　4　3　6　3　5

* 필요에 따라 디자인의 폭과 길이를 조절 응용할 수 있다.

준비물

앞감: 무명 조각천 (위 도안 참조)	실: 면사나 재봉실
뒷감: 무명 32 X 18cm	기법: 홈질 & 박음질

1. 조각천은 홈질로 연결한 후에 시접은 가름솔로 한다.

2. 겉감과 안감의 겉을 마주하여 창구멍을 남기고
   완성선을 따라 홈질한 후 뒤집는다. 창구멍은 공그르기한다.

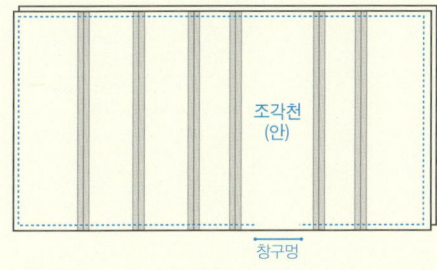

조각천
(안)

창구멍

3. 앞뒤가 고정되도록 가장자리에서 7mm 들어간 선을
   뒷감까지 바느질되도록 홈질한다.

4. 장식으로 단추나 박쥐장식으로 마무리한다.

찻잔받침

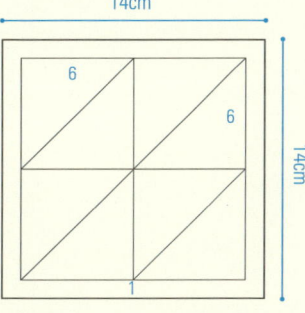

14cm

14cm

6

6

1

* 조각연결 방향에 따라 다양한
모양이 나올 수 있다.

준비물

앞감: 무명 8 X 8cm 4장	실: 면사
뒷감: 무명 16 X 16cm	기법: 홈질 & 박음질

1. 조각천은 대각선으로 잘라 시접 7mm 들어가
   홈질로 연결한다.

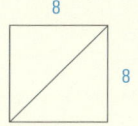

8

8

2. 홈질로 나머지 조각들을 완성한다.

3. 뒷감은 시접 1cm를 접어 다린 후 겉감 조각천이
   가운데 오게 한 후 시침한다.

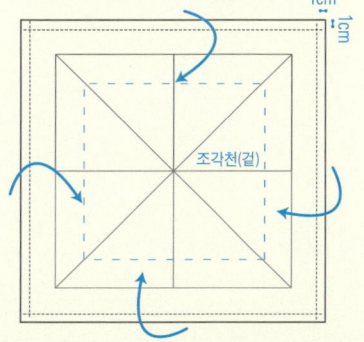

1cm

1cm

조각천(겉)

4. 호청 하듯 접어 조각천과 만나는 부분을 공그르기한다.
   (05 바느질 팁-모서리 마무리하기 참조)

5. 모퉁이는 　 하거나 　 한다.

11월 납작 누비 스카프

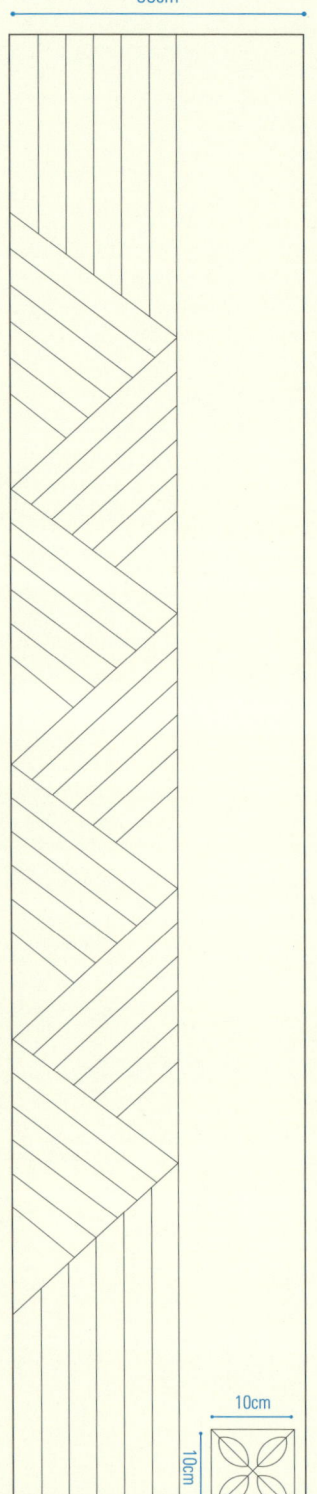

난이도 ● ○ ○

준비물

겉감: 얇은 명주 37 X 180cm	실: 견사 & 상침용 견사
안감: 얇은 명주 37 X 180cm	기법: 홈질

* 겉감과 안감은 대비되는 색을 이용해 양면으로 사용하면 좋다.

1. 겉과 겉을 맞대고 사방 시접 5mm 들어가서 창구멍(7cm)을 남기고
   홈질한 후 뒤집는다.

   (안)
   창구멍(7cm)

2. 창구멍은 공그르기한다.

3. 다림질하여 표면과 가장자리를 정돈한다.

4. 앞뒤가 고정되도록 가장자리를 먼저 시침한다.
   천 가운데를 중심으로 좌우 상하로 시침한다.

   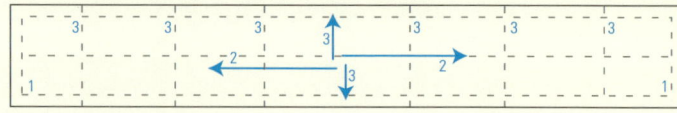

5. 초크로 디자인 선을 그린다.
   * 선의 길이나 간격은 원하는 대로 조절할 수 있다.

6. 홈질로 누빈다.
   * 매듭 숨기기
   바느질 시작과 끝에 하는 매듭이 겉으로 보이지 않게 하기 위해서는
   매듭 후 바늘을 그 자리에 넣고 실을 살짝 당겨 안감 쪽으로
   들어가게 한다.

   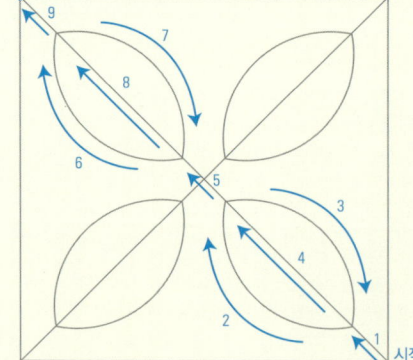

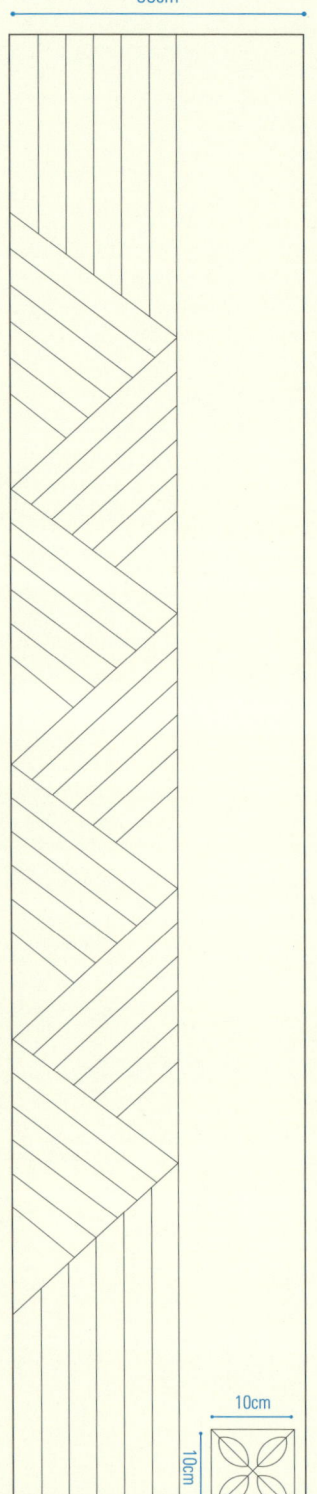

12월 장식용 두루주머니와 귀주머니

난이도 ●○○

두루주머니

준비물

겉감: 숙고사 28 X 16cm	실: 견사
안감: 노방 18 X 16cm	기법: 홈질
끈: 술이 달린 매듭	

* 술이 달린 매듭은 동대문 광장시장에서 구입할 수 있다.

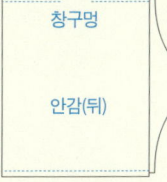

1. 안감의 안쪽 면에 초크로 시접 7mm 선을 그린다.

2. 겉감의 겉면에 안감을 올려놓고 위에서 시접 7mm 들어가 창구멍을 남기고 홈질하고 아래쪽도 위로 시접 7mm 들어가 홈질한다.

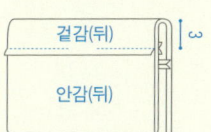

3. 두 겹의 천을 벌려 시접과 시접이 만나도록 안감은 안감끼리 겉감은 겉감끼리 접는다.

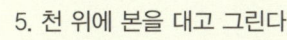

4. 창구멍이 앞으로 보이도록 겉감을 접는다(4겹이 된다). 접히는 겉감의 양은 3cm 정도 접는다(이 부분이 주머니 안단의 양이 된다).

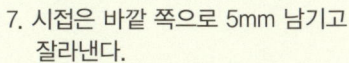

5. 천 위에 본을 대고 그린다.

6. 시침 후 본을 따라 홈질한다.

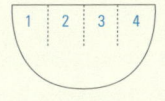
잘라낸다

7. 시접은 바깥 쪽으로 5mm 남기고 잘라낸다.

8. 창구멍으로 두 번 뒤집는다.

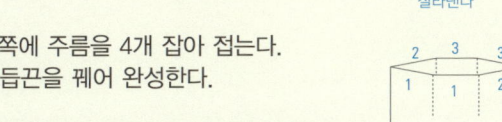

9. 한쪽에 주름을 4개 잡아 접는다. 매듭끈을 꿰어 완성한다.

10. 여덟 겹이 겹치는 곳에 구멍을 뚫고 매듭끈을 꿰어 완성한다.

* 금박 & 은박 금박과 은박은 다림질로 금박이 되는 테이프를 구입해 이용하거나 동대문 광장시장에서 원하는 문양을 선택해 찍어 오면 더 예쁘다.
* 주머니의 크기는 본의 크기를 달리하여 조절할 수 있다.

귀주머니

준비물

겉감: 숙고사 32 X 16cm	실: 견사
안감: 노방 24 X 16cm	기법: 홈질
끈: 술이 달린 매듭	

* 술이 달린 매듭은 동대문 광장시장에서 구입할 수 있다.

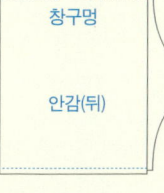

1. 안감의 안쪽 면에 초크로 시접 7mm 선을 그린다.

2. 겉감의 겉면에 안감을 올려놓고 위에서 시접 7mm 들어가 창구멍을 남기고 홈질하고 아래쪽도 위로 시접 7mm 들어가 홈질한다.

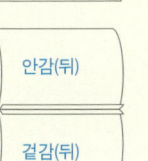

3. 두 겹의 천을 벌려 시접과 시접이 만나도록 안감은 안감끼리 겉감은 겉감끼리 접는다.

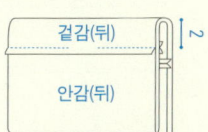

4. 창구멍이 앞으로 보이도록 겉감을 접는다(4겹이 된다). 접히는 겉감의 양은 2cm 정도 접는다(이 부분이 주머니 안단의 양이 된다).

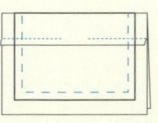

5. 천 위에 본을 대고 그린다.

6. 시침 후 본을 따라 홈질한다.

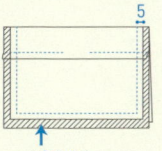
잘라낸다

7. 시접은 바깥 쪽으로 5mm 남기고 잘라낸다.

8. 창구멍으로 두 번 뒤집는다.

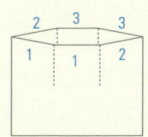

9. 3등분하여 그림과 같이 접는다. (1과 1, 2와 2 & 3과 3이 마주보게 접는다.)

10. 네 겹이 겹치지 않는 곳에 구멍을 뚫고 매듭끈을 꿰어 완성한다.

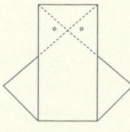

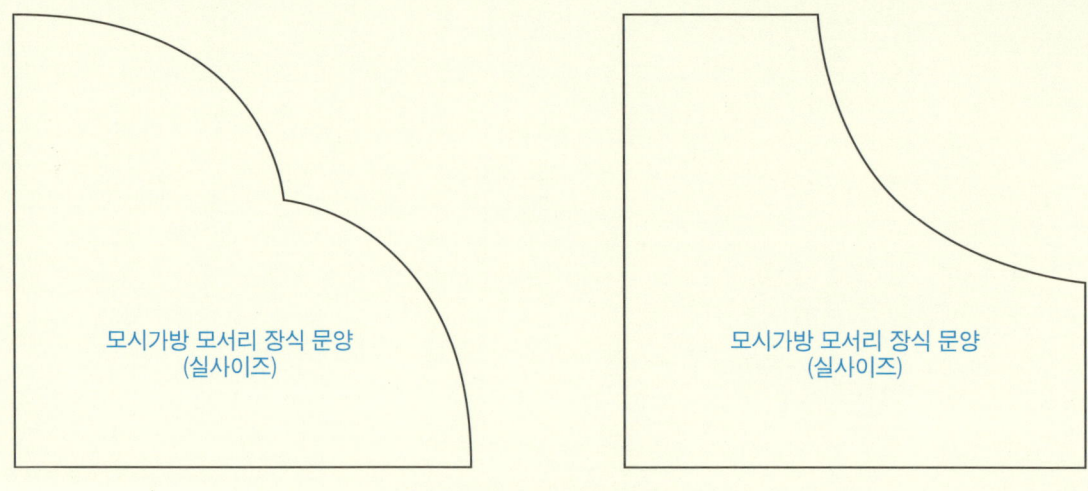

모시가방 모서리 장식 문양
(실사이즈)

모시가방 모서리 장식 문양
(실사이즈)

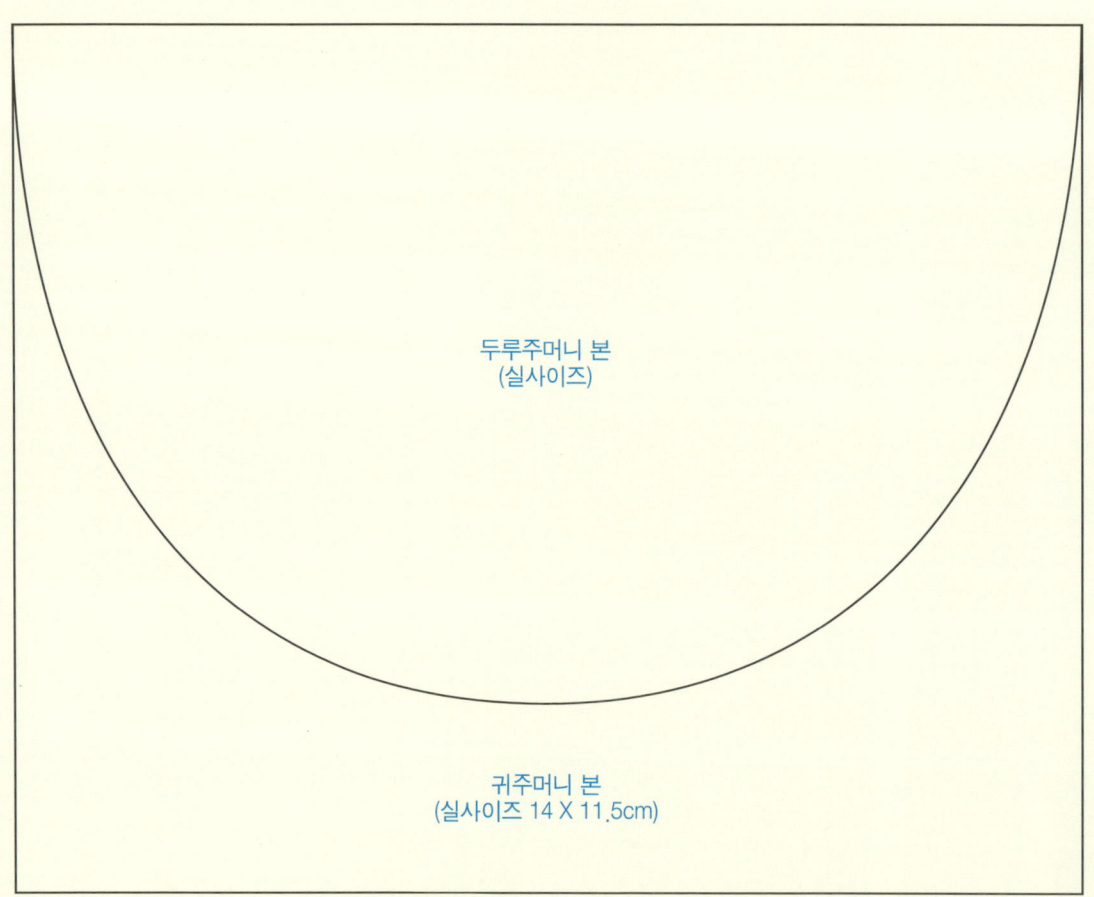

두루주머니 본
(실사이즈)

귀주머니 본
(실사이즈 14 X 11.5cm)